大衛・耶利米──著　DAVID JEREMIAH　譯──劉卉立

聖經天使學

他們是誰，以及他們如何幫助人

ANGELS

Who They Are and How They Help…What the Bible Reveals

所有的榮耀
都歸給天使們的神

目錄

CONTENT

專文推薦

回歸聖經來認識天使

黃春生

「天使」英文名稱Angel，源自於希臘文angelos（使者）。在猶太教、伊斯蘭教和基督宗教中，對天使的概念皆十分相近，甚至古巴比倫、波斯也有天使的描述。「天使」是事奉上帝與世人的靈，上帝差遣天使傳達上帝的旨意，並幫助人。新約聖經就記載說：「天使豈不都是服役的靈，奉差遣為那將要承受救恩的人效力嗎？」（希伯來書1:14）

關於「天使學」教義的研究，首推教會歷史上最為飽學的神學家多瑪斯・阿奎那（Thomas Aquinas, 1225-1274），他死後被封為「天使博士」（Doctor Angelicus）、教會聖師（Doctor of the Church），被尊為「眾學者的領袖和導師」。在阿奎那畢生神學大作《神學大全》（*Summa Theologie*）中，特別論述了「天使」，他試圖表明有關天使的特徵、要點，例如天使的數目超過凡有血氣者的總和，天使各有位置卻不受限於該位置。

此外他也提到，每一個人出生都有一位守護天使（Guardian angel，天主教譯為護守天使），而尚未出生之前，則由母親的守護天使在守護。雖然天使會喜悅他們所照顧對象的幸福與回饋，但是，在遇到負面情況時，天使也不至於悲傷，因為傷心與痛苦對天使而言是無法想像的。阿奎那列舉一百一十八條問題來探討天使的本質與條件，也因為他對於天使的濃厚興趣及淵博的認識，使他被後人尊稱為「天使博士」。

早期教會對於天使有諸多渲染，並將天使分為「三級九等」，到了十六世紀以後，天使三級九等的理論逐漸被淡化，天主教會在一九九二年版的《天主教教理》更廢除天使分級的說法，將古代以來神話化的天使觀，導正回歸聖經。

在筆者牧養教會的經驗中，曾經遇到幾位有靈異體質的人，有一位弟兄曾在道教神壇擔任「桌頭」（神明的翻譯者），也曾多次被神明附身起乩（乩童現象），後來他來到教會、悔改受洗成為基督徒。他分享過去的靈異體驗時，曾感應到化作光明天使的邪靈，也曾在基督徒身上感應到「良善的靈」，他從聖經裡面來看，認為這就是天使的靈。

今日教會對於天使的認識與神學探討極少，坊間小說、科幻電影對天使的渲染與穿鑿附會反而大為盛行，侵犯或扭曲了耶穌基督救贖的教義。因此，很高興看到《聖經天使學》的出版，本書根據聖經對於天使的描述，提供基督徒對天使及其工作有更為完整的認識，也更加認識上帝對世人的恩慈，差派服役的靈——天使——來守護、服侍世人與受造界。

（本文作者為台灣基督長老教會台北濟南教會主任牧師）

專文推薦

你是天使的粉絲，還是真理的追尋者？

田安琪

二〇一四年秋末，我赴台中出席自己的新書發表會，在活動中為每一位參與者帶來專屬的高靈訊息。在逐一傳達與解讀的過程裡，正在接受訊息的某位當事人突然發話：「我想知道給我訊息的高靈是誰？」我不假思索地回答了他，卻不知道這個舉措已經犯下錯誤，以至於接下來的這五年之間，我都還在面對那個後果……

回到當年的活動現場中。接下來，許多參與者紛紛提出同樣要求，我只好一一詢問訊息來源並回答這些同學，很快地我便發現時間不夠用了，只好當機立斷，告訴接下來的同學無法提供這個額外服務了，並且說明「訊息內容遠比提供訊息的高靈身分更加重要」，幾乎所有同學都接受了這個安排，只有一位參與者發出不平之鳴，怪罪那天遲到的同學耽誤活動開始時間，以至於沒有餘裕讓他得知高靈的名字。

這樣的埋怨一直持續到現在，這五年以來，每隔一段時間他便會在網路社群向我發發牢騷，即使感激他是我忠實的讀者，但為了不使當年的主題失焦，我也並不打算以補上高靈的名字來停止這個綿延多年的怨念。

因此，當我展開《聖經天使學》書稿，在第一章的開頭看到以下這段語句的時候，其實是心有戚戚焉的：

> 或許這股席捲九〇年代的天使狂熱，只是另外一次無關緊要的短暫風潮而已，最糟糕的情況就是那是撒旦的欺騙伎倆，藉此把人們的注意力從神的真理上轉移開來。

「藉著親切的天使（或高靈）把人們的注意力從真理之上引開」，的確是這幾年我在靈性圈看到的現象，以天使為名的各種課程、療法、密碼，成了靈修領域的顯學，大家紛紛渴望取得與天使的聯繫，並幻想可以役使天使來找到停車位或工作。天使成為一代紅星，而靈修者在粉絲追星的過程中已忽略天使本身並非主角，天使是神的媒介與道的引路者，他們唯一的責任是帶領我們更接近真理。無奈人間普遍存在的權威崇拜課題，導致各種對天使形象的投射與演繹，人們對天使身分與職掌的興趣甚至凌駕了更重要的議題——我自己是誰?能夠開解煩惱的真理是甚麼?

這本書告訴我們，天使的身分是「神的傳訊者」，他們的主人是聖父耶和華而不是人類，我們並無法指示天使為我們辦事，此外，天使也並非全然都是大部分人腦中的刻板印象——慈藹溫柔而「無害」，在聖經的許多篇章裡都呈現了天使力大無窮的樣貌，本書提到：「真正的天使曾經是、現在是、未來也永遠是令人敬畏的神的戰士，是祂的憤怒和大能的代理人。」

在我所教的「光的課程」中含有〈啟示錄〉的完整篇章，其中，天使是會受命要「殺害人類的三分之一」的，但是，這裡的天使被詮釋為掌握自身進展的智能，而非單指某種靈性的存在，而「殺害人類的三分之一」指的是人們在進展中所受的嚴酷挑戰，不過，聖經的詮釋並非本文的主題，在此便不繼續深入。

這本書完全以聖經為藍本來描述天使：天使的身分、名字、天使會出現的時機、最偉大的天使、天使與耶穌的關係、以及地獄中的墮落天使……等，書中每一段有關天使的描述都是師出有名的，這使得我們對天使的認識不至於被毫無根據的幻想或自我投射所蒙蔽。

許多人會問我，要如何辨識那些從虛空而來的訊息到底是來自於天使（高靈），還是其他並不比我們高明的存在。我所知道的天使，從來不會說出二元性的語言，他們不會論斷是非、好壞、高低，只是傳達真理，但看似矛盾的是，天使本身卻有他的二元對立身分——撒旦，可見天使本質中仍然有其晦暗的因子未渡，那麼為什麼天使們的語言卻沒有二元性呢？原因無他，因為天使傳述的是神的訊息，而神涵容一切，無法有其對立面。

佛典故事中有這麼一段著名的佛與魔的對話，魔王波旬威脅要在末法時代破壞佛法，釋迦摩尼佛認為正法是沒有任何力量可以破壞的，於是魔王便說：「我會差遣我的徒子徒孫們混跡於僧團之中，穿你的袈裟、壞你的佛法、曲解你的經典、毀損你的戒律……」佛陀聽聞後，靜默無言，緩緩流下眼淚。而有關神與魔的角色，何嘗不是如此，坊間的天使訊息大多是人我在說話而非神的意旨，而其中還有以正向包藏偏失、以光明包藏黑暗的語言，讀者們實在應該慎之、再慎之。

（本文作者為「光的課程」教師、靈性書籍作家）

專文推薦

作為路標的使者

莊信德

對於熟悉「漫威平行宇宙」與「DC擴展宇宙」的漫畫世代來說，理解地球之外的存在者似乎沒有什麼難處。其實，不論是從希臘的神話世界，或者是任何遠古民族的流傳故事來看，一個與人類世界平行存在的「靈界」，幾乎沒有什麼值得懷疑。就是基督徒所相信的聖經，也清楚地記載了「天使」的存在。如果「存在與否」不是個需要爭辯的議題，那麼「存在的目的」就是一個需要認真探索的焦點。

大衛．耶利米博士作為著名的聖經學者，對於「天使」的存在有著豐富的研究心得，不僅是從聖經啟示的記錄來思考，也進行許多第一手田野訪談的整理。他嘗試從「啟示」與「經驗」的交叉對比，來勾勒出人類長年來好奇卻模糊不清的天使臉孔。按照作者的研究，從聖經的第一卷書〈創世記〉到最後一卷〈啟示錄〉，至少出現超過三百次有關天使的直接記錄，而這些天使的存在究竟要讓人類明白什麼事情呢？我們應當要如何處理「天使論」才不至於過分輕忽天使的存在，而陷入眼見為憑的理性困局，卻同時不會過度放大天使的存在，以至於淪為精靈崇拜的偶像迷思呢？

本書的書寫正是為上述兩個不同認知天使的極端路徑，做出最好的平衡詮釋。首先，作者以時空穿越的形式，邀請讀者進入聖經中許多天使工作的關鍵現場，引導我們清楚地看見天使是如何在人類的歷史中工作，同時也試圖歸納、解釋天使工作的規範，並以此為基礎進一步來檢視天使的工作。例如，作者就清楚指出三個詮釋天使工作的警告，分別是：「第一，絕對不可以根據自己的想像力，自創或是重塑天使的形象。」、「第二，永遠不要讓天使取代神在我們生命中的地位。」、「第三，天使永遠不能受人敬拜。」（頁65-69）基本上，按照作者所歸納出適當看待天使的警告，我們就明白本書的閱讀不會引致一種對天使偏差的放大問題。

其實，天使存在的目的是指向上帝的，作為「服役的靈」，重點不是天使，而是那位差遣他的上帝。也因此，作者以很有智慧的觀點提示讀者，可以用「使者」的概念來代替「天使」，或許會更有助於我們對天使的認識（頁71）。如果將生命的旅程比擬為一趟單程的「朝聖之旅」，我們對於目的地並沒有任何先前的經驗，需要依靠大量輔助工具才能確保這趟旅程的方向與平安（例如，我們需要有經驗的「導遊」、環境介紹的APP、行前投保旅行平安險……等）；那天使的存在，就可以當成是前往目的地過程中的「路標」，也可以是某一些危險區域的「當地導遊」。

天使，始終不是我們的焦點，我們儘管需要路標，卻不會整日專注地盯著路標，而是按照路標所指的方向前進；路標永遠不會是我們的目的地，哪怕是路標告訴你目的地已經抵達，路標也絕對不會是我們要去的目的地。天使，就是我們朝聖旅程的路標。正因為天使是「路標」，他的存在就有明確的「方向性」，他所承載的意義無法獨立於目的地之外而存在，一個沒有明確「目的地」的標示，只不過是一片沒有意義的廢鐵。

天使，作為上帝心意的使者，所傳達的永遠不會是「他」想告訴我們什麼，而是「上帝」的心意如何。對於已經擁有聖經在手的我們來說，透過天使去認識上帝的心意似乎多繞了一圈，不如直接從聖經認識上帝的心意。也因此天使作為一個客觀的存在，並不是要成為上帝心意的中介者，而是要引導我們透過靈界使者的真實，看見上帝對我們的保護也是如此真實。

此外，我們若相信那看不見的使者，就更當敬畏那看不見的上帝！在我們一生的朝聖之旅中，天使成了上帝為我們所預備的「路標」，是能夠確保路徑被保守的路標，也是傳達出上帝安慰的指引。

（本文作者為磐頂教會主任牧師，台灣神學院特聘助理教授）

第1章

天使在人間做什麼？

《聖告圖》（局部），達文西的早期油畫作品，十五世紀。

十年前某個秋日，我坐在診療間裡，醫生告訴我，我得了癌症。聽到醫生宣判的當下，我心中充滿恐懼，我相信你能理解我所說的感受。我這一生有幾次很希望天使與我同在，使我確信一切都會好轉，這是其中一次。

在接下來的幾個月裡，我要動兩次手術，每次手術前，那時候的恐懼又回來了。當我坐著輪椅進手術房的時候，我心想，如果有一個天使握著我的手進去，我會感到無比安心。但一直到那時，我都不曾見過天使，從來都沒有。那是否意謂著我哪裡有問題？為什麼只有別人享有這樣的恩寵？難道是我不夠屬靈嗎？

或許你也問過相同的問題。或許你對自己得到的答案並不滿意。大眾對天使的深厚興趣引爆了大量的相關資訊，但也製造出許多讓人困惑和矛盾的內容，還有破綻百出的膚淺推論。那麼，你可以從哪裡取得可靠又有意義的資訊？你要怎麼得到一個平衡、正確，而且是建立在神的真實性和永恆真理之上的觀點？

這就是本書的主旨。

關注天使是浪費時間嗎？

從二十世紀九〇年代起，天使無所不在——更確切地說，是談論天使的話題無處不在——從一些主流雜誌、暢銷書和高收視率的電視脫口秀，到廚房閒聊和大學專題研討會，天使成了發燒話題。有許許多多的人宣稱他們真的看見了天使，或是感覺到天使的同在。在我看來，現今人們對天使的關注程度之高，堪稱史上前所未見。

那麼，這一切有什麼特殊意義嗎？人們相信天使存在，對天使的好奇心大爆發，這是神所樂見的嗎？神希望你和我也去湊熱鬧嗎（或者，起碼要比以前對這個議題多點關注）？我們應該到處尋找那些出沒在地球上的天使身影嗎？該相信守護天使每天都在關心和保護我們嗎？

或者，這一切不過是浪費時間罷了？或許這股席捲九〇年代的天使狂熱，只是另外一次無關緊要的短暫風潮而已，最糟糕的情況就是那是撒但的欺騙伎倆，藉此把人們的注意力從神的真理上轉移開來。就像來到大峽谷遊覽的幼童，他們的眼睛全都被那些遊客寵壞的花栗鼠所吸引，目不轉睛地看著牠們從崖邊朝遊客手上的食物狂奔而去，而忽略了周圍壯麗的景色。一旦我們開始聚焦在天使上，可能也會錯失神的壯麗輝煌。

另一方面，有沒有可能這是出於神的心意和計畫，使祂的百姓在歷史的這個時刻更關注天使？還是這是一個徵兆，暗示了我們現正來到一個神所規劃並且即將發生的重大事件的門口，是世界末日要來了嗎？又或者，是神憐憫世上尚未得救的罪人，所以讓重視天使成為一種社會氛圍，以此讓大眾更能接受福音的信息，免得在末世來臨時，一切就太遲了？

還是，就像一些備受尊崇的聖經學者所言，自聖經的時代結束後，天使在人間的活動從此銷聲匿跡？

相關問題還可以再繼續問下去（我不知道天使是否也在問這些問題）。或許，沒有任何一個當代重要的神學議題在普羅大眾中所引起的關注程度，能媲美今天人們對天使教義的狂熱程度。你可能以為基督徒會因此見獵心喜，迫不及待地想用這個新的契機與非教徒展開靈性對話；但事實上，許多基督徒對於思考天使這個議題根本毫無頭緒。

在幾十年前，當「上帝已死」的觀念成為熱門新聞時，基督徒的一致回應是：**不，上帝活著！**然而，面對今日隨處可見的天使活動、不時就出現在報章雜誌上的天使新聞、相信每個人都有守護天使的現象時，基督徒對此的典型反應是：喔，或許是這樣吧——也或許不是。

天使熱潮的潛在危險

天使熱潮對我們的文化造成了重大的思想轉變。被前幾代人視為荒誕離譜的無稽之談，如今卻讓普羅大眾為之瘋狂不已。譬如，全球有超過一百萬人閱讀《天使在人間》（*Angels on Earth*，Guideposts 集團旗下發行的雙月刊），這本雜誌每期都會刊登幾篇人們相信自己遇到天使的專題故事。

這一切似乎都反映出，大眾對於追求靈性的態度變得大幅開放。絕大部分的人不再相信所有重要的人生答案都可以透過科學、理性思維與合理的邏輯找到。他們知道還有另一個超越科學和理性的面向需要考量，而這「另一個」面向在大眾思想中所佔的份量愈來愈重要。

這樣的發展究竟是好還是壞呢？

其中一個最大的潛在危險是，人心受到黑暗權勢的影響會強烈得多。人們也許更願意敞開心門來思索宗教和永恆方面的議題，但這可能也會向撒但的影響力洞開。

聖經警告我們：「因為撒但自己也裝作光明的天使。」（哥林多／格林多後書11:14）＊這個欺騙伎倆對前幾代人可能沒有發揮太大作用。當時的社會不怎麼相信天使，如果你說自己看到了天使或想要遇見天使，很可能會被其他人嘲笑為胡說八道、愚蠢或荒唐。

但現在，情況有了改變。相信天使不僅被大眾所接受，甚至蔚為流行，全球有數百萬人正在尋找天使活動的蹤跡，這是前所未見的現象。

然而，更加堅信天使的存在並不保證會對上帝的真理有更清楚的認識。撒但會利用物質主義、性慾或是對權力的饑渴，想盡辦法透過「天使論」來勾引我們掉入牠的圈套

＊譯注：本書中的經文均依據原書中之經文，斟酌採用貼切的中文本聖經，以中文新譯本聖經為主，其餘則按現代中文修訂版、新標點和合本等版本譯出，僅少數地方視上下文略有修正。另，本書中的聖經名詞（如章名、人名）在全書首次出現時，以基督教、天主教通用譯名對照的方式呈現，以便讀者閱讀。

中。事實上，在過去的歷史中，魔鬼已經透過偽裝成天使，獲得了幾次重大勝利。

如今，撒但又重施故技了嗎？或者，牠不再是創建一個反基督的大型宗教或異端，而是與牠的污鬼邪靈徒眾偽裝成天使——一會兒在這裡、一會兒在那裡出現——來挑起人們對天使的癡迷，進而對天使的出現產生強烈好奇和渴望。撒但透過一些有影響力的人，讓合牠胃口的書籍雜誌得以出版、電視節目得以播出，來蠱惑數百萬的人感知虛假錯誤的靈性經驗和安全感。這種糖漿滋味——淺嘗天使論所嘗到的靈性興奮感——足以破壞人們對於神的話語（也就是聖經）、福音、真理這些有益的靈性食糧的胃口。

對於這種天使狂熱所產生的偏差現象，連一些非宗教性刊物都看出了部分端倪。它們留意到人們輕易就受到誘惑，以至於愛天使勝過愛神，它們報導指出天使如何提供一種上帝和耶穌都缺席的靈性形式。由於信仰上帝不再「盛行」，我們有可能變得對信仰來者不拒，任何東西都可以信。人們追求靈性——但是與上帝無關。

《時代雜誌》（*Time*）有篇文章就一針見血指出：「天使成了方便好用的妥協產物，他們全是棉花糖和馬林脆餅，仁慈和善又不會論斷。他們就像阿斯匹林，任何人都可以取得服用。」

《生活雜誌》（*Life*）就給天使論運動貼上了「神的成分稀薄」（God Lite）的標籤。一位記者參加了一場由天使粉絲所舉辦的大會，他說，不同於聖經裡所描繪的天使威武形象，他在那場會議中所聽到的天使描述是：

一種更慈祥、只有一口大小的物種，有小狗的可愛，又有學校交通警衛的盡忠職守。我聽到他們把天使說成是我們靈界的遠房堂兄弟、是送花使者……你只覺得自己被一種暖心和愛的感覺所籠罩。

今天，天使花在讚美神的時間似乎遠少於服事我們。雖然天使仍然化身成超級英雄在危難時刻展開救援，但他們也出現在不那麼緊急的時刻，像是幫人找到一串遺失的鑰匙，或是做一道美味的法國烤雞料理。所有我遇到相信天使的人，最後幾乎都會告訴我他們的停車位天使——當他們開車卡在車陣中龜速行進時，就會召喚他們。

如果在你的鄰居、朋友或家人中，有人被空洞、膚淺但卻潛藏危險的天使論所吸引，你能夠用上帝所啟示的天使的真理，來引導他們嗎？我向神禱告，希望本書能幫助你這樣做。要解決錯誤，沒有比大量運用真理更有效的方法了。

同時，我們也要謹記神是君王。歷史顯示上帝甚至會利用人類的錯誤、悲劇和愚蠢，來完成祂的更高旨意。有沒有可能神在今天使用這股天使熱潮是為了改變我們，儘管這股熱潮常常過度瘋狂而偏離了正道？祂是希望藉此來強化我們對靈性的敏銳度嗎？畢竟，天使看起來在我們的永恆國度裡將會佔有舉足輕重的角色，那裡比起我們在地上短暫、虛無的存在，要更加堅實。比起我們的家、工作和嗜好，天使的永恆性使其對「真實」有更多所有權。不像我們的家、工作和嗜好，聖潔的天使永遠為我們指出正確的方向：指向上帝。

天使可以給我們一個全新的提示，就是除了這個把我們緊緊環繞在其中的世界，還有另外一個世界存在。天使已經經歷了這另一個世界的豐富——上帝永恆的天國，在那裡，神的法則不會出現反對的雜音，可以毫無攔阻地自由運行。我們有一天會與天使一起經歷。

耶穌教導我們要如此禱告：「願祢的旨意行在地上，如同行在天上。」此時，祂正把我們的眼睛轉向另一個看不見的世界。聽到這樣的禱告，我們可以想像天使正在天上欣然地執行神的旨意；所以在此同時，我們也應當如此要求自己。當我們真誠地向天父禱告說「願祢的國降臨」時，就是在向祂表達，我們渴慕一個更美好的世界，因為我們今天所生活的世界已經被仇敵攻佔，成了淪陷區，罪惡以及來自墮落天使撒但的欺騙充滿了這個地方。

真實遇見天使

為了以天使作為講道和寫作的主題，我在事前的準備工作中讀了上百個人親身目睹和經歷天使的故事。其中有許多遠遠逾越了聖經所劃下的信實紅線。

舉例來說，聖經並未指明如果我們直接向天使禱告求助，他們會回應我們。我們甚至在聖經裡找不到任何例子顯示，有誰曾求神差派天使的保護。聖經中唯一慫恿別人尋求天使保護的就是撒但，牠引用舊約中一節關於天使保護的經文，來引誘在曠野中的耶穌（馬太／瑪竇福音4:6）。

更重要的是，聖經並沒有給我們「天使會幫助不信神之人」的依據。聖經描述天使「不都是服役的靈，奉差遣為那些要承受救恩的人效勞嗎？」（希伯來書1:14）誰是那將要「承受救恩」的人？聖經很清楚地指出，是那些認識神、相信神的人。天使奉差遣只為他們效力。如果有人宣稱看到了天使，卻又聲明他絕對不信神的存在，那麼他所看見的天使很可能是墮落天使，也就是撒但的信使，而非來自神的差派。不是每一位天使都是奉神所差派。

如果我們要討論歷代以來關於天使的各種問題觀點和想法，或是要與堅決反對聖經真理的人討論，那我們可能需要一本比本書更具份量的書作為依據。但是，如果是那些符合聖經條件的天使故事，以及那些我們從不認為他們會虛構事實的可靠人士所說的故事，我們該相信嗎？

備受尊崇的葛培理（Billy Graham，又譯葛理翰）牧師在一九七五年出版的劃時代鉅著《天使》（*Angels*，已經銷售超過二百五十萬本，仍在持續暢銷中）一書中，蒐集了許多人們經歷天使的故事，他把這些具有公信力的故事加以重編，其中也包含了家族成員對於他的外婆臨終時的情景的口述：

整個房間被來自天堂的亮光所充滿。她坐在床上，幾乎是笑著說：「我看到耶穌了。祂朝我伸出雙臂。我看見班（她的丈夫，在幾年前過世），我看見天使了。」然後倒臥在床上，離開了肉身與主在一起。

葛培理說他相信天使，不僅是因為有聖經為他們做見證，也「因為我感受到他們在我人生中的某些特殊場合與我同在」。他寫道：

身為佈道家，當我站在講台上，面對著體育館裡萬頭鑽動、特地前來聆聽上帝信息的人潮時，我經常感到身心俱疲，壓力大到無力講道。然而，一次又一次，我的軟弱無力消失了，每一次我都重新得到力量。不僅是靈魂，我的身體也被神的大能充滿。在許多場合中，我感覺到神格外真實，祂差遣祂的隱形天使訪客按手在我身上，讓我成為祂的信使來傳揚天國信息，猶如一個垂死之人向垂死的人們講道。

他也講述了一個扣人心弦的故事，這是宣教先鋒約翰．派頓（John G. Paton）傳教士在南太平洋新赫布里底群島（New Hebrides Islands）的親身經歷：

有天晚上，敵視他們的當地土著把宣教總部團團圍住，打算放火燒屋逼出派頓夫婦，然後把他們殺了。派頓和妻子在那個恐怖肅殺的夜晚，徹夜向神禱告拯救他們。當白晝來到，他們驚訝地發現攻擊他們的土著不知為何全都離開了。他們感謝神拯救了他們。

一年後，攻擊他們的酋長受洗相信耶穌基督。派頓先生還記得之前發生的事情，就問酋長當時是發生了什麼事，才阻止他和手下放火燒他們的總部，好殺死他們夫婦。酋長吃驚地回答他：「那些當時與你們在一起的人是誰？」這位傳教士回答說：「沒有其他人啊，只有我和妻子兩個人。」酋長辯解說，他們看到了許多人在站崗——上百個身形魁梧的男人身穿發亮的衣服，手拿著出鞘的劍站在門外。他們似乎把整個宣教總部團團圍住，所以土著不敢攻擊。

派頓先生這時候終於明白是神差派了祂的天使來保護他們。酋長也同意，因為除了這個原因，實在找不到其他合理解釋。

二十世紀最受歡迎的一個天使故事，發生在第二次世界大戰恐怖陰森的納粹集中營裡，故事的主人翁是彭柯莉（Corrie ten Boom），她把這段經歷寫在《囚犯》（*A Prisoner-And Yet*）一書裡。她和姊姊貝絲才剛到拉文斯布呂克集中營（Ravensbruck），就看到新來的囚犯正在接受搜身檢查。柯莉當時把一本聖經藏在她的衣服裡，她敘述道：

那本聖經造成我的衣服鼓起，十分醒目，但我跟神禱告說：「主啊，祢的天使就在我的四周保護我；求祢不要讓他們在今天隱身，好讓那些守衛看不到我。」禱告完後，我感到輕鬆無比。我從容地通過守衛面前。每一個人都接受搜身檢查，沒有任何一個鼓起的地方能逃過守衛的眼睛。在我前面的那位婦人在衣服裡藏了一件羊毛背心，結果被拿走。但是守衛讓我通過，因為他們沒有看到我。貝絲就在我後面，她也遭到搜身。

但在外面還有一個危險在等著。在門的兩側，有女性檢查員會對每個人再做第二次檢查。她們會仔細留意每一個經過眼前的人的身體，察覺有無哪裡不對勁。我知道她們看不見我，因為天使仍然在保護我。當他們從我身邊經過的時候，我甚至不會感到驚訝；但我的心此時湧起了歡欣吶喊的聲音說：「喔，主啊！祢如此應允我的禱告，我能勇敢面對拉文斯布呂克集中營了！」

《今日基督教雜誌》（*Christianity Today*）報導了一個天使介入的故事，這是專為教會領袖而發行的《領袖雜誌》（*Leadership*）的編輯的親身故事。有天晚上，這位編輯年幼的女兒陷入昏迷的彌留狀態。當時一名醫院員工朝女童病房看去時，目睹了一幕驚人的景象：有幾個天使在女童床邊守候著。

驚人的是，隔天早上女孩康復了。她的父親向來不是那種會被輕易說服的人，卻毫不遲疑地相信天使造訪了他的女兒。同時，這名醫院員工也因為目睹了那晚出現在女童房間的景象，而重新委身於上帝。

可靠信實的來源

這些故事全都出自可信的來源。所以，人們確實親眼見到了天使嗎？如果真是如此，這些天使是誰？他們來世上要做什麼？

我們會在本書針對這些疑問與其他問題加以探討。聖經就是我們的指引。事實上，我們也別無其他可靠的依據。若不是神自己已經向我們揭示了有關天使的事實，我們不會對天使有正確的認識。除了神的啟示，科學和人類的智慧都無法回答我們在這方面的疑問，反而只會讓整個推理過程剩下喃喃自語和跌跌撞撞。總之，聖經就像路易斯・薛佛（Lewis Sperry Chafer）所提醒我們的：

> 聖經反映的是神而非人對宇宙的認識；因此在聖經裡，人本身對關乎天使的一切一無所知，聖經有完全的自由來告訴我們有關天使的種種。

聖經是我們認識天使的來源與標準。許多以天使為名發生在我們世界裡的事，並不符合聖經的教導；我們必須小心謹慎，不陷入到天使狂熱的蛛網裡。不管我們過去的天使經歷、信念或看法為何，都必須查考聖經，以其原則為依歸。它們必須源自聖經，而不是我們心中的想像投射，反映出我們心中想要相信的天使樣貌。

不要擔心以聖經為依據，會讓天使這個主題變得無趣乏味。如同薛佛所說，在「有完全的（揭露）自由」的聖經裡，它對天使的描述會震撼我們的心，打開我們的眼睛和心靈。

因此，我們可以隨時在自己喜歡的時間中，愉快又輕鬆地進到聖經裡，與天使一起經歷一段時光。神已經在聖經裡給了我們豐富的啟示性信息，正確地引領我們看到天使的真正本質。我們要了解天使，聖經是令人興奮的可靠理據所在。我們可以在聖經裡看到他們、聽到他們、觀看他們工作，並且從中找到所有我們能以他們為榜樣來效法的例子。透過詳細查考聖經，凡是真心尋求神的人都能找到這些豐富資訊。

儘管聖經向我們揭露天使，但只要你認真研讀聖經，很快就會發覺神對其所揭露的事實有所保留。聖經中所提到的每件與天使相關的事情，都有其他的主題。聖經中沒有任何一頁或段落的宗旨是專門詳述天使的教義，所以我們無法完全如願地看到我們想要看到的天使描述。遺憾的是，那些不了解聖經智慧和權威的人，不明就裡就草率地以空想和臆測填滿這個落差。我們應該竭盡所能去理解神已明確揭示的天使面貌——然後，心滿意足地到此為止。我們總有一天會對天使有更深入的了解。但要在現在試圖逾越神所定的界線，到頭來只會傷害自己。

這就像我們對天堂的認識有限一樣。歸根結柢，天堂就是神的居所，這才是重點。當〈詩篇〉（聖詠集）七十三篇的作者向神訴說「除祢以外，在天上，我還有誰呢？除祢以外，在地上，我也無所愛慕」時，他流露出了對神的正確心態。除了神，在地上和天上都沒有人能夠帶給你的靈魂真正的滿足，連天使都不行。

所以，不論你在尋求哪方面的知識，都必須把主權交給神。約翰·加爾文（John Calvin）在開始他的天使論述時，如此寫道：

> 讓我們切記，在探討這個宗教主題時，務必要遵守一個原則來讓自己保持謙遜和神智清明，那就是對於含糊不明的事情，甚至連渴望知道的事情，都切勿做出逾越聖經教導的說話或思考。

那麼，聖經是如何描述天使的？神又有多想要我們來理解這個神祕的主題？就讓我們一起來探索答案吧。

看不到天使的理由

請先與我一起回到我發現自己罹癌的那個秋天。我從未看到或聽到有天使出現在那個診療間，否則我那時候會大受鼓舞。但我確實感受到了神的同在。有誰會說看見天使會比遇見神更好呢？

我接下來動了兩次手術，藉著親近神，我找回了心中的平安。回顧那幾個月，我很懷疑天使是否能比神帶給我更多的平安——除非還有比我相信「神就在這裡眷顧我」更大的驚喜。

所以當我思索著為什麼有些人看得到天使，而其他人卻沒有時，我在想，神不讓大多數人看見天使，是不是為了讓我們明白我們應該相信誰，以及我們應該把注意力真正聚焦在哪兒。我們也許並不需要許多人大聲嚷著要的那種感覺和興奮感。

神已經給了我們一個更好的禮物，就和天使的顯現一樣奇妙無比。神其實已經把最大的恩典賞賜給我們：祂已經藉著聖靈（聖神）和祂的話（聖經）向我們顯明祂自己。甚至有這樣的可能，天使之所以沒有出現在我的生命中，彷彿是神對我的一種間接讚美。神也許是要告訴我：「耶利米，你不需要天使。你不會有問題的。你知道你是誰，以及誰和你同在——你現在只要有這些就足夠了。」

如果天使也從未向你顯現，你也許可以把它看作是神肯定你信靠祂。如果未來的某一天，神認為差派天使給你或我是明智、有益的，我相信祂就會這麼做。我對天使沒有執念，但我比以前更堅信他們參與人間活動的程度，遠超過大多數人的理解。我相信，他們以看得見和看不見的方式介入人世，這是無庸置疑的。

同時，不論我們在被帶回天家之前是否見過天使，探討神有關天使的談話都具有重要的價值，誠如狄克森（C. F. Dickason）在他所寫的一本聖經手冊《天使：選民與邪惡》（*Angels: Elect and Evil*）裡如此說道：

> 雖然天使學不屬於基本教義，但接受它會擴大我們的眼界，讓我們對聖經、神的計畫、基督徒的生命和事工，以及對世界的情勢和世界事務的發展演變，有更充分的理解。

如果研究天使這個主題會對你產生影響，如同我一樣，那你的心智和情感很快就會被開啟，開始相信許多你之前從不了解的事情。關於天使這個「奇妙」的話題，遠比我們想像的更加不可思議。只要我們能秉持誠實客觀的態度，來探索聖經中關於天使的種種驚人描述，我們終會被神所吸引而願意更加親近神，而不是被其他事物所吸引而離開神。凡是秉持著崇敬神的態度來研究天使的人，對神的崇敬最終只會有增無減。

事實上，那就是我們研究天使的唯一主要目標：**被神所吸引而更加親近神**。如果你研究天使到最後，卻沒有這樣的收穫——如果你到最後只建立了一份天使檔案，或是對天使癡迷，甚至假想與某個天使有交情，卻沒有對神產生絲毫謙卑降服的心——那麼，你就完全錯失了天使的真諦。

第2章

天使確實存在的依據

《創造音樂的天使》，魯本斯的油畫作品，十七世紀。

你真的相信有天使嗎？

華特．薛博德（Walt Shepard）相信。他的天使故事是我讀過最喜歡的一個。

華特在失戀的打擊下，變得消沉不振，他打算結束自己的生命。他在某個星期天駕著自己的跑車在黎明前幾小時，以約一百九十三公里的時速在黑暗中奔馳於紐奧良北邊的十號州際公路上。

他看見前方有一輛看起來像是沒人要的廢棄車停在路旁，決定把握機會。

他猛力朝那部車的車尾撞去，車子爆炸，兩部車起火燃燒，竄出熊熊火焰。

附近一家旅館的經理聽到撞擊聲，立刻打電話給救援單位。

華特整個人從撞破的擋風玻璃拋飛出去，掉落在受損嚴重的引擎蓋上，被扭曲變形的引擎蓋卡住動彈不得。大火在他四周燃燒，他陷入昏迷。

公路警察火速抵達，但是火勢實在是太猛烈了，他們無法靠近已經燒成殘骸的車子，只能站在十五公尺以外的地方。但他們和旅館的經理突然看到一件令他們大為吃驚的事，他們看到有兩個人毫不猶豫地走向車子，合力把華特從火焰中拖出來，然後協助一支救援小組把他抬到救護車上。

警察原本打算訪談這兩位無名善心人士，想對這起意外有更多的了解，還要以輕率駕駛的罪名控告華特。但是，沒有其他車輛停靠在附近，這兩個人卻神秘消失了。

接著，華特展開了長達數月的痛苦康復治療。他與自己滿腔的怨氣和憤怒展開天人交戰。但他也開始思索自己的家世——他的父母都是長老會的傳教士。

有一天，他決定跟神禱告。但他的身體被打上石膏，無法跪下祈禱，他只好躺在床上，然後轉過身來面對著牆壁跟神禱告，他說：「我受不了了，我需要祢的赦免……請進到我的生命中，潔淨我。」

隔天早上，他醒來，這是他五年來睡得最香甜的一次。

他的父親先前已經和現場救援的目擊者聊過了。他們都同意那兩位陌生人勇氣過人，竟然敢接近車子，彷彿那裡根本沒有起火。負責這樁車禍意外的員警，也對這次的救援困惑不已。

在華特禱告後不久，他和父親聊起這樁意外的種種不尋常。他的父親提出了一個超自然解釋。

「兒子，我認為是兩位天使救了你，」他說：「所以你才有機會在這個星期與神和好。」

起初，華特還心存懷疑。如今，當年的年輕小夥子已經蛻變為成熟穩重的中年人，他說：「我相信天使就是上帝與我們自然來往的一部分。這實在是不可思議，但我相信天使在那個清晨將我從火中救出。我也相信他們並未停止工作。」

你相信華特的故事嗎？我無法證明故事的真偽，但就我來看，他的敘述與聖經所告訴我們天使能做和要做的每一件事情的動機和來由都互相吻合。華特的故事具有強大的說服力，因為它的焦點正確。如同天使所做的那樣，這個故事把榮耀歸給神，並頌揚神派遣天使把耶穌基督的救恩帶給一個靈魂。

一個塵埃落定的問題

有些人可能會嘲笑你竟然相信天使，甚至只是表達對天使感興趣都會遭致批評。也許你已經招來了類似的批評，但沒什麼好擔心的，因為與你志同道合的人，要比批評者多得多。

聖經從〈創世記〉到〈啟示錄〉（默示錄）都表明天使確實存在。聖經有三百多處經文直接提到天使。

相信真有天使的想法，始終普遍存在於我們的文明中。相信天使「並非反常或是不合理，」威爾遜（J. M. Wilson）在二十世紀初寫道：「的確，出於人性使然，人們總是對此觀點爭論不休。但為什麼不該存在這種等級的生命體呢……？」一九五二年，《西方世界偉大著作》（*Great Books of the Western World*）經典系列的編輯委員會把所有這些歷代知名作者在其偉大經典著作中所探討的主題，歸納為一百零二個最重要的主題和思想，「天使」也納入其中。綜觀整個人類歷史，天使的懷疑論者向來是少數，他們以為當相信科學的風潮取代了相信神，懷疑論的勢力就會坐大。

懷疑天使真實性的人可能要冒著一種風險，就是落到和撒都該人（撒杜塞人）一樣的下場——他們是聖經唯一指出不相信天使的一群人（使徒行傳／宗徒大事錄23:8）。如此「全然無知」，誠如加爾文所言，連偽善的法利賽人都強過他們。儘管撒都該人是耶穌在世時期以色列最有權勢的猶太人，卻在第一世紀結束前就從歷史上消失得無影無蹤。他們在當時掌控了大祭司和猶太議會的多數席次。他們是貴族，是群傲慢的務實主義者——與孩童純真的信心恰成對比，所以孩童很容易就相信有天使。

看到〈使徒行傳〉第五章，神如何阻撓撒都該人與使徒們作對的段落，讓人大受鼓舞。在這一章中，撒都該人看到使徒們可以治癒病人，還有很好的能力傳講福音，他們的反應卻是「大祭司和他的同黨撒都該人，滿心忌恨，於是下手拿住使徒，把他們押在公共拘留所裡」（5:17-18）。

現在，神出手糾正撒都該人不公不義的行為，而祂所選擇的方法，記載於下一段經文裡（5:19-21）：

> 夜間有**一位天使**，打開監門，把他們領出來，說：「你們去，站在殿裡，把一切有關這生命的話，都講給眾民聽。」使徒聽完了，就在黎明的時候，進到殿裡去施教。

從監獄出來後不久，使徒又被帶到這群不信有天使的撒都該人面前受審，引發哄堂大笑。位高權重的撒都該人摒棄天使，將會在一個世代的時間裡從歷史中被除去；而坐牢的使徒們全然順服神藉著天使所說的信息，將會永遠改變歷史發展的軌跡。

在稍後的〈使徒行傳〉中，記載了同樣諷刺但更加悲傷的一幕，呈現了撒都該人的冥頑不靈，也就是司提反（斯特法納）被捉拿到撒都該人佔有多數席次的議會受審的事件。司提反為人「滿有恩惠能力」（6:8），被人誣告褻瀆神。司提反在受審時，「坐在公議會裡的人，都注視他，見他的面貌像**天使**一樣。」（6:15）但天使的出現並不能阻止心盲的撒都該人用石頭打死司提反。

在結束「天使是否存在」這個容易回答的基本問題之前，我們來看一段威爾遜的金玉良言：

> 對於基督徒而言，這整個問題的考量重點取決於要與主耶穌的話連結。所有基督徒都同意祂教導了我們關於天使的存在、真實和活動……我們有了基督的話語保證天使存在；因此對於大多數基督徒來說，天使存在與否的問題終將塵埃落定，獲得結論。

確實如此。對於你和我以及在主內的弟兄姊妹而言，我們因為接受基督的主權和「基督話語的保證」，這個問題已經塵埃落定。至於其他人，他們的所有疑慮都將會在那日來到時完全消失，亦即「當人子在他的榮耀裡，**帶著所有的使者**降臨的時候」（馬太福音25:31）。

除了相信，別無選擇

所以，天使確實存在，這個認知可能會招來批評者。但我們為什麼要對他們的批評感興趣呢？

舉例來說，有些批評者認為我們今天生活在聖靈的時代，所以天使不會在地上活動。但我們來快速瀏覽〈使徒行傳〉第八章，應該可以反駁這樣的論調。注意是誰協助和帶領腓利（斐理伯）展開了一次救人靈魂的傳福音使命。首先，我們讀到：「有主的**一位使者**對腓利說：『起來，向南走，往那從耶路撒冷下迦薩的路上去！』那條路在曠野裡。他就動身去了。」（8:26-27）

腓利在往南走的曠野路上，遇到了一個人坐在馬車裡，讀著一本書。腓利現在等待著神的進一步指引。天使會再一次顯現嗎？沒有。我們接下來讀到，「**聖靈**對腓利說：『你往前去，靠近那車子！』腓利就跑過去……」（8:29-30）

我們此時看到了聖靈和一名天使同工，腓利做出了正確的回應，如同先前坐牢的使徒們的回應。結果是，腓利有幸帶領馬車的主人——來自埃提阿伯（厄提約丕雅）的太監訪客——受洗信主。

或許，是聖靈在那個場合親自指引天使。我們知道天父命令天使，我們也在聖經中看到神子耶穌也能。然而，耶穌在面對官兵的逮捕時，祂聲稱只要祂開口，天父就會「馬上**給我派**十二營以上的天使下來」（馬太福音26:53）。耶穌在復活升天之前，告訴門徒說：「**天上**地上一切權柄都賜給我了。」（28:18）——當然，祂在天上的權柄包括向天使發號施令。

既然神可以指揮天使，耶穌也可以指揮天使，那麼三一神中的第三位「聖靈」也能指揮天使，就不足為奇了。聖靈是永恆的神，不是要在現今完全替代天使。我看不到聖經裡有任何一處經文清楚指出，天使在現今的活動會減少或停止。如今，耶穌基督正透過聖靈的大能來建造祂的教會。

另一方面，其他的批評者雖然接受天使在現今活動的可能性，但不認為這個主題有什麼好值得深究的。他們說天使的確來自某處，當我們上天堂的時候，就會見到天使，對他們留下愉悅而深刻的印象。但我們現在為什麼要自找麻煩去查考聖經到底是怎麼描繪天使的呢？

為什麼？因為神終究沒有給我們其他選擇。誠如神學家艾利克森（M. J. Erickson）所言：

> 聖經教導我們，神創造了這些屬靈存有，而且揀選了他們去執行祂的許多命令。因

此，我們若是聖經忠實的學習者，我們別無選擇，只能述說他們。

如果我們無法真正敞開心胸去理解、欣賞神所創造的每一件事物（包含天使在內），無法從神所造的每一件事物（特別是天使）來**了解**神本身，就是冒了褻瀆神的風險。「我們如果渴望藉著神的創造來認識祂，」加爾文寫道：「我們當然不能忽視天使這個卓越範例。」

史都華・希尼斯（Stuart K. Hines）創作了一首偉大詩歌〈祢真偉大〉，精準傳達了這種正確的心態：

主啊我神，我每逢舉目觀看，
祢手所造一切奇妙大工……
我靈歌唱，讚美救主我神，
祢真偉大，何等偉大！

「奇妙大工」也完美傳達了一個人在仔細探索聖經中對天使的描繪後，會產生的敬仰心情。

有些人會說：「奇妙大工的話題可以就此打住了，說說他們有什麼**實用價值**吧？」這點可能是反對研究天使的人最站得住腳的理由。人性裡的務實精神總是以自己的利益為優先，要求：這對我有什麼好處呢？

嗯——好處相當多，我們會在後面看到。加伯林（A. C. Gaebelein）博士在《神的天使》（*The Angels of God*）一書中所傳達的堅定信念，成了這方面的指路明燈：

如同神的每一個真理，天使的真理——他們在地上的顯現和愛的事工——具有一個實用價值。因為我們憑信心知道……他們正在密切留意我們，準備好要與我們同行，如同我們與神同行在祂的道中；他們準備好要服事我們，如同我們服事神；他們準備好要用千百種不同的方法來保護和幫助我們，一種神聖的情感將會進入到我們的生活中。當然，我們將會輕緩地走在主耶穌與其聖潔天使的同在中……因此，這項真理會有助我們過一個聖潔的生活。

最後，在繼續品嘗其中的豐富之前，我還必須指出一個「為什麼要研究天使」的重要原因，那就是：天使的真實性今天比昨天更真實，未來又將比今天更真實。

大多數基督徒都同意，魔鬼的活動將隨著末日的接近而愈加頻繁。這種觀點不僅是基於觀察現今世界走向得出，更是從聖經而來。保羅（保祿）在〈提摩太前書〉（弟茂德前書）四章一節提醒我們：「聖靈明明地說，日後必有人離棄信仰，跟從虛謊的邪靈和鬼魔的教訓。」

我們在教會的輔導事工中，就看到了許多這類事情。審視人們所表現出來的一些令人困惑的嚴重脫序行為後，我們彼此面面相視，說：「發生在這裡的一些事情，人是做不出來的。」對於全球的基督宗教事工來說，這也是事實：我們已經看到，而且很可能將會持續看到來自邪靈勢力的更大攻擊。

所以，我要問你：既然隨著主耶穌再來的日子近了，魔鬼的活動有增無減，那麼我們預期天使的活動也會隨之增加，不是很合理嗎？絕對合理。如同葛培理牧師說的：「神仍然在工作。」

士兵、戰士與降災者

現在，抓牢你的書，讓我們一起穿梭在聖經的各個年代和書頁中，展開一趟天堂之光的體驗之旅。

在這趟旅程中，有一位隨身嚮導，負責駕駛我們所搭乘的隱形飛行器，並向我們說明沿途看到的景象。他是個陌生人，但看起來是個好人。他用愉悅的聲音告訴我們，我們將會看到天使在工作。「把腦袋清空，」他說：「然後善用你們的聰明，把所看到印象最鮮明的天使工作與其做事方法，牢記在腦海中。我們會展開幾趟穿越不同時空的疾速之旅，每次我們的觀點都會稍微有些改變，所以我們每一回都會學到一些新東西。」這聽起來似乎是一趟有趣的旅程。

「準備好了嗎？」他問。我們點點頭。

「出發！」

我們的第一站來到伊甸園東邊的出入口。嚮導告訴我們這是聖經中第一次瞥見天使。那絕不是一幕安詳、愉悅的景象。首先抓住我們注意力的是一把四面發著火焰的劍。這些天使是武裝士兵，是聖潔神把他們部署在此地，因為祂的聖潔創造才剛被亞當和夏娃（厄娃）的犯罪所玷汙。這群士兵的任務是「把守生命樹的道路」。我們可以看出他們確實是一絲不苟地在認真執勤。我們甚至沒打算要越過他們的肩膀，去偷看一眼生命樹（創世記3:24）。

我們現在疾速穿越前進，來到幾個世紀後。我們往下俯瞰，看到有個坐落在山丘下的小城市。那是耶路撒冷，大衛城。在城中的兩個最大建築物之間，我們看到了一個人跪在街道上，抬頭望天。我們的嚮導告訴我們，沒錯，他就是大衛（達味）本人。

我們眨了眨眼睛，看到雲上有動靜。我們轉身朝大衛所看的方向望去，不禁倒抽一口氣，被眼前難以言傳的景象震懾住：耶和華的使者就在那裡。我們立刻洞悉這究竟是怎麼一回事。這名天使的手中拿著一把劍，它具有降疫災的能力。當時以色列全國在這把劍的降災下，高達七萬人死於瘟疫。

現在，天使在耶路撒冷上空伸出手，持劍要滅城。

在下方的街道，有大聲呼號的聲音傳出。大衛發出痛苦哀鳴，認罪說：「我犯了大罪！」

從天使上方極遠處傳來一個像是打雷的聲音，說：「夠了，現在住手吧！」於是天使收劍入鞘（撒母耳記／撒慕爾紀下24:15-17、歷代志／編年紀上21:14-17）。

我們再次向前穿越時空，來到另一個不同的場景。我們現在看到了更多士兵——人類士兵——聚集成一支軍隊，數以千計的士兵難以勝數。在耶路撒冷城門外，在夜光下紮營的部隊規模連綿不絕到我們眼目所及之處。這是亞述部隊，他們以出色的戰鬥技能和殘忍的征服者名聲，成為當時的傳奇。

深夜降臨。營火和士兵互相吹噓的聲音漸趨沉寂。廣大的軍營漸漸沒了聲音。士兵都睡著了，為明天圍攻耶路撒冷養精蓄銳。

夜色濃重，愈發漆黑。我們突然抬起頭，心中一顫。耶和華的使者再次現身擊殺。

他只用了片刻時間就大功完成。

然後，天使離去。我們觀看，整個軍營依舊靜寂無聲，但這只是假象。黎明的第一道灰濛微光出現在耶路撒冷城後的天空。軍營仍未醒來。陽光愈來愈明亮，在向外雜亂延伸的亞述軍營裡，只見死屍遍地。死亡人數要比後來原子彈所造成的廣島和長崎死亡總人數更多。一夜之間，一個天使就殺了十八萬五千人（列王記19:35、歷代志下

32:21、以賽亞書／依撒依亞37:36）。

再往前推進七百年。我們看到另一個以色列王，他穿著王袍坐在王座上，對著一群愛戴他的群眾發表演講。群眾大喊：「這是神的聲音，不是人的聲音！神君，希律王萬歲！」

希律王（黑落德）肥大的臉發亮。他張開肥厚的大手接受群眾的歡呼。他沒有看到我們所看到的景象：一個耶和華的天使突然出現在王座後方，按手在希律王身上。希律王的笑容收斂，痛苦地彎下腰。他感覺到了，但不知道發生了什麼事：蟲子正在他的身體裡猛咬著他（使徒行傳12:21-23）。

我們再一次往前推進，看到了一個廝殺激烈的戰場。時間和場景模糊不明——我們超脫了地球，也脫離了地球時間。這場激烈的、震耳欲聾的搏鬥之猛，超乎我們的想像，難以言喻。事實上，在這幕畫面消失前，我們只能忍受片刻。但我們記得我們所看到的景象：「天上發生了戰爭：米迦勒（彌額爾）和他的天使與龍作戰。龍和牠的天使也起來應戰。」（啟示錄12:7）

接下來的旅程，讓我們得以匆匆瞥見未來景象。發出火焰的景象進入到我們的視野中，只有二秒左右。在最後一幕畫面消失之後，我們絞盡腦汁試著找出適當字眼來傳達我們的所見、所感。

首先，四位天使站在河岸邊，他們被釋放要「殺害人類的三分之一」。

然後，有七位天使出現，拿到盛滿了「神的烈怒的七個金碗」。

接著，有七個景象一個緊接著一個出現。每一幕簡短的畫面，都有一位天使將手中的金碗倒在一個背叛神的世界裡的不同區域。然後一瞬間，災難來襲。當我們看到天使釋放出來的能力，不禁全身顫抖：「就有惡性的毒瘡，生在……人身上。」「海裡的一切生物都死了。」「倒在江河和眾水的泉源裡，水就變成了血。」「太陽就得了能力，可以用火烤人。」有黑暗籠罩全地，有旱災，有前所未見的超級地震，有下起一顆顆重一百磅的冰雹雨（啟示錄9:14-15, 15:1, 15:6, 16:1-21）。

現在，我們看到另一幅景象。這次停留眼前的時間比較長。我們抬頭望去，前方透出金黃明亮光芒，我們知道那裡就是天堂，有一個天使迅速從天降下。他一手拿著一把巨大鑰匙，另一手則拿著一條大鍊子，看起來毫不費力，但鍊子看起來有好幾噸重。

我們接著看到天使下去的地方。下面，有一條巨龍發出烈焰和怒火，作勢攻擊。若不是這位天使降落出現，我們肯定會驚慌尖叫，因為這條龍就是撒但，完全顯現出牠的原始醜惡力量。

天使靠近。他只用一隻手，將一小段鍊子拋出，立即把龍套住。撒但在他面前變得癱軟無力。天使依舊只用一隻手，用鍊子將牠一圈又一圈捆綁起來。這條結實的大鍊子長得似乎永無止境，直到天使將牠整整捆繞一千圈後，天使用最後一段鍊子將巨龍鎖牢，使牠無法逃脫。

天使現在用鑰匙碰觸地面。地表裂開，出現一個大坑洞。天使這時用他空出的那隻手，將被擒的巨龍丟進暗無天日的無底坑中（啟示錄20:1-3）。

最後一幕在一片靜默中漸漸消失。嚮導告訴我們第一段旅程結束了。冷靜過後，我們彼此分享，這段旅程的所見所聞已經改變了我們對天使的觀感。那種把天使想成是擁有可愛小翅膀的胖嘟嘟嬰孩，或是蒼白纖弱的女性模樣——那些充斥在聖誕卡片上的天使形象，在我們心中已經不再有任何的可信度了。

事實完全不是這樣，真正的天使曾經是、現在是、未來也永遠是令人敬畏的神的戰士，是祂的憤怒和大能的代理人。我們絲毫不會感到驚奇，為什麼聖經中那些看到天使的人經常會被眼前景象給震懾住。

我們已經在引頸期盼著下一趟旅程會有什麼新發現。

第3章

天使的顯現

《逐出樂園》，杜勒（Albrecht Dürer）的木刻版畫作品，十六世紀。

我們的心臟仍在砰砰地跳，但是嚮導說要再次出發了。

我們飛快來到幾個世紀前的一個場景。我們看到不遠處有個築有城牆、遍滿棕櫚樹的城市——耶利哥（耶里哥）城。在城門外一段距離的地方，有個男人蹲低身子躲在岩石和灌木叢後面。他在推進的時候巧妙閃躲，不被城牆上站崗的哨兵看見。他是約書亞（若蘇厄），正在為即將發動的攻擊行動來偵查敵軍耶利哥的動靜，以色列的軍隊已經在附近紮營。

但他不是孤身一人深入敵境。有個戰士比他搶先一步抵達。約書亞在撥開樹枝穿過灌木叢的時候，看到眼前出現的人影，整個人突然愣住了。他想要悄悄轉身溜回去，已經太遲了。這名戰士正看著他，手拿一把出鞘的劍。

約書亞勇敢地向他靠近。他在距離戰士只有五步之遙的地方停下。約書亞把手放在他的劍柄上。不知道為什麼，他確信對方知道他是誰。但約書亞對他完全陌生。

約書亞直截了當地問他：「你是我們的人，還是我們的仇敵呢？」

「都不是，」戰士回答他：「我現在來是作耶和華軍隊的元帥。」約書亞馬上恍然大悟。他是耶和華天使大軍的統帥，神的天軍不效忠地上任何國家，以色列也不例外。恐懼夾雜著希望向約書亞襲來。神的天使會為了以色列與耶利哥爭戰嗎？

約書亞俯伏在地，問主有什麼話要吩咐他的。

「把你腳上的鞋脫下來，」元帥說道：「因為你站的地方是聖地。」約書亞遵命脫下鞋子。

「我已經把耶利哥……都交在你的手中了。」元帥繼續說道。然後，他把神曉諭給約書亞與其率領的以色列軍隊要贏得勝利所必須要做的事，大致逐一指示給約書亞知道（約書亞記／若蘇厄書5:13-6:5）。

我們繼續前進，來到幾世紀後猶大南方一處地形崎嶇的森林荒野。在山坡上有個十分隱密的山洞。我們來到洞口，隨著傍晚來到，在洞內燈火的照明下，我們看見山洞深處有人出沒，他們是大衛的部屬。他們最近才與以色列國王掃羅（撒烏耳）的軍隊交戰過，除了一些人要負責站崗外，其他人大都在休息中。他們已經精疲力竭了，但幸好都安全歸來。

大衛走出洞外。在外面站崗的那幾個人跟他打招呼，還拍了拍他的肩膀。大衛與他們談笑過後，悠閒地沿著山坡往下走去，穿過森林來到一處可以安靜獨處的地方。他隨身帶著一把簡單的小豎琴。他在山腳一條小河岸邊席地而坐。他靜靜地看著面前潺潺溪水，又看看風吹搖曳的樹林，然後抬頭望著天上浮雲，度過了一段安靜的悠長時光。他偶爾會低頭閉目。我們感受到一股神聖的同在環繞在他四周。我們保持肅靜，屏氣凝神觀看著。

最後，大衛雙手撥弄豎琴，悠揚的旋律流瀉而出。他渾厚悅耳的嗓音唱著一首新歌。他唱出對神的讚美和感謝。他用信心唱出神必保護他：

耶和華的使者，在敬畏祂的人周圍紮營，
搭救他們。

大衛面露微笑看著兩旁，相信天使隱身在他四周與他同在。然後，他又唱起這首新歌（詩篇34:7）。

我們再繼續向前來到五百年後，前進到這座森林約八百公里遠的地方。我們身在巴比倫，猶太人被擄之地。尼布甲尼撒（拿步高）王坐在他的移動式王座上，現在停放在一座聳立的熔爐附近，這座熔爐專門用來處死犯人。熔爐底部有個門，門上有個從尼基進口的厚重玻璃窗。王座安放在適當的位置，讓國王可以隔著玻璃窗看到爐內的情況，看到被他判定違抗王命的犯人受到烈火酷刑的折磨。

國王突然從座位上一躍而起，伸長手臂，手指著爐內。三名猶太人因為拒絕向尼布甲尼撒所立的金像俯伏敬拜，先前已從熔爐塔頂被丟入烈火中。但國王現在看到熔爐內出現了四個人影，而不是三個。他們全都從容站立在烈火當中，毫髮無傷。而且第四個人置身在一道比爐火還要明亮的白光中。他看起來好像是天使！他伸出雙臂，將其他三個人環抱在懷中。

國王下令將門打開。他朝爐內大喊：「至高神的僕人沙得拉（沙得辣客）、米煞（默沙客）和亞伯尼歌（阿貝得乃哥）啊！你們出來，到這裡來吧。」他們就從火中出來了。當第三個人一出來，第四個人瞬間從爐內消失蹤影。

沙得拉、米煞和亞伯尼歌跨著大步來到國王王座前站立。綑綁他們的繩子已經被火燒毀，但他們卻毫髮無傷，甚至連火燒的氣味都沒有。

尼布甲尼撒起身朝他們走近一步，然後屈膝跪下高喊：「沙得拉、米煞、亞伯尼歌的神是應當稱頌的，祂差遣天使拯救那些倚靠祂的僕人。」（但以理書／達尼爾3:13-30）

我們繼續前進到另一個巴比倫王統治下的某一天。天剛破曉，大利烏（達理阿）王就急急忙忙往一處有石頭和鐵柵的大獅子坑走去，裡面有巴比倫的獅群。他命令隨行的侍從把封住坑口的石頭挪開。石頭挪開一半不到，大利烏王就急忙衝到坑口抓著柵門，大喊：「但以理啊！你常常事奉的神能搭救你脫離獅子嗎？」

從闃黑的獅子坑底傳來一個平靜、篤定的人聲，問候國王後，說：「我的神差遣了祂的使者，封住獅子的口。」（但以理書6:19-22）

我們又往前進，來到另一處鐵柵門，這門通往耶路撒冷一處牢房。在火把閃爍不定的照明下，我們看見了使徒彼得（伯多祿）在兩個看守他的士兵中間睡著了。他的雙臂各被綁上一條鍊子。

突然間，整個牢房明亮起來。主的一個天使站在那裡，但彼得和士兵依舊呼呼大睡，沒有受到驚動。天使伸手拍了拍彼得的肋旁，鍊子應聲從他的手腕上脫落，發出嘈雜聲。彼得緩緩睜開惺忪的雙眼，但我們驚訝地發現獄卒依舊睡得不省人事。

「快起來！」天使大聲命令彼得：「披上外衣。」彼得照辦後，默默地跟著天使走出監獄，經過兩組值班的獄卒，但他似乎還在半夢半醒中。最後一道緊臨耶城街道的鐵門自動開啟，彼得和天使走出監獄大門。涼爽的夜風迎面吹來，令人心曠神怡。

他倆不發一語並肩而行，一直走到街底。彼得轉身俯瞰一條小巷，那裡有戶人家，他在被捕入獄之前，最後一次就是在這裡和朋友與門徒們聚會。

他轉過身來環顧四周，發現只剩自己一個人。

他的同伴已經離開了。站在空蕩蕩的街上，星辰在漆黑的夜裡閃爍，彼得大喊：「主差祂的天使來，救我脫離希律的手。」（使徒行傳**12:11**）

嚮導宣布，我們的第二趟旅程結束了。目睹神如何差遣祂的天使**拯救和保護**祂的子民，讓我們大受啟發和激勵。我們微笑說，我們已經預期到晚上會睡得更安穩。

「不過，首先，」嚮導說道：「我們還有許多東西要看要聽。在下一趟旅程中，你們的耳朵會比眼睛更重要。」

傳達神的指引

嚮導加速帶領我們穿梭往返於不同的時空。我們來到了一條曠野路，附近有個水泉，一個女人正跪著舀水喝。我們突然看到一個天使朝這條路而來。

「撒萊（撒辣依）的婢女夏甲（哈加爾）啊，」他說，「你從哪裡來?要到哪裡去?」夏甲抬起頭。「我從我的主母撒萊面前逃出來。」她答道。

「回到你主母那裡去，服在她的手下！」天使如此命令她（創世記16:7-9）。

場景轉換到清晨時分，死海西邊一處平原。有兩個天使匆匆從所多瑪（索多瑪）城門離去。他們抓著羅得（羅特）還有羅得妻女的手，一路帶領他們出城，直到遠離城門後，方才鬆開羅得與其家人的手。

「逃命吧！」其中一位天使如此吩咐他們，「不要回頭看，也不可留在這片平原上，要逃到山上去，免得你被除滅。」（創世記19:15-17）

接下來，我們看到了雅各（雅各伯）在東方人的土地上牧羊到睡著了，他在那裡為他的岳父工作。我們可以透視雅各的夢境。神的天使向他說話：「現在你要起程，離開這地，回到你的親族那裡去吧。」（創世記31:10-13）

我們被雷轟、閃電和煙霧嚇了一跳。我們現在與摩西（梅瑟）在西乃山上。神從雷轟聲中向摩西說話：「看哪，我在你面前差派使者，好在路上保護你，領你到我預備的地方去。你們在他面前要謹慎，要聽他的話……」（出埃及記／出谷紀23:20-21）

我們現在來到一條小徑上，兩旁是葡萄園的圍牆。耶和華的使者手拿著脫鞘的劍站在路上。巴蘭（巴郎）俯伏在天使面前。巴蘭的驢子就在旁邊，帶著滿足的表情看著主人慘白、扭曲的臉。天使告訴巴蘭說：「你與這些人同去吧，但是你只要說我吩咐你的

話。」（民數記／戶籍紀22:22-35）

下一幕，我們在迦密（加爾默耳）山頂。先知以利亞（厄里亞）穿著毛衣、腰束皮帶坐在山頂上。邪惡的亞哈謝（阿哈齊雅）王下令一名五十夫長率領五十個兵丁前去見以利亞，五十夫長等人現正來到迦密山谷。這是亞哈謝王所差遣的第三個五十夫長率領第三組五十人部隊，肩負相同的任務第三次前來這處山谷。前兩次，他們要求以利亞聽從亞哈謝王的命令下山。以利亞每一次都呼求火從天上降下來，燒滅他們所有人。

第三個五十夫長要比前兩位來得謙卑。他雙膝跪在先知以利亞面前，哀求他說：「願我的性命和這五十個僕人的性命在你眼中看為寶貴！」

耶和華的使者立即來到以利亞旁邊說：「你和他下去吧，不要怕他。」以利亞披上斗篷，跟著五十夫長下山。

我們又來到耶路撒冷，時值瘟疫席捲大衛統治下的以色列全境。我們來到一位老人的屋裡，他正屈膝禱告。他是先知迦得（加得）。他是國王的老朋友，許多年前當年輕的大衛被掃羅追殺時，他幫助了大衛。

當迦得禱告時，耶和華的使者臨到並清楚指示他說：「去告訴大衛，叫他上去，在耶布斯人阿珥楠（敖爾難）的禾場上，為耶和華築一座祭壇。」（歷代志上21:18）

接下來，我們來到加利利（加里肋亞）拿撒勒（納匝肋）一間簡樸的小房子，現在是夜晚。一個憂心忡忡的年輕人輾轉反側，徹夜難眠。主的一個天使在夢中向他顯現，說：「大衛的子孫約瑟（若瑟），只管放膽把你的妻子馬利亞（瑪利亞）迎娶過來，因為她懷的孕是從聖靈來的。」（馬太福音1:20）

我們後來看見同一個男人在伯利恆（白冷）一間屋子裡，沉沉睡去，睡得安詳。他又在夢中看見天使對他說：「起來，帶著孩子和他母親逃到埃及去，留在那裡，直到我再指示你，因為希律要尋找這孩子，把他殺掉。」約瑟醒來，立刻動身離開。

我們前進到另外一間裝潢更加氣派的大房子。我們在地中海濱海城市該撒利亞（凱撒勒雅）港，這裡是羅馬帝國統治下的巴勒斯坦的政治中心。一個穿著百夫長制服的男人正屈膝禱告。

穿著發光衣服的天使突然出現在房間裡，站在他身後呼喚他：「哥尼流（科爾乃略）！」

百夫長轉過身，定睛看著他，「主啊，什麼事？」他驚懼說道。

「你的禱告和善行，已經達到神面前，蒙祂記念了。」天使回答他：「現在你要派人到約帕（約培）去，請那個名叫彼得的西門（西滿）來。他在一個製皮工人西門的家裡作客，房子就在海邊。」

天使離去。哥尼流就像軍人一樣，迅速服從天使的話，他把兩名僕人叫來。他還叫來他的副手，他和哥尼流一樣都虔誠信神。哥尼流把天使所說的話如實告訴他們，並打發三人往約帕去。

現在，雷鳴聲隆隆作響。我們回到未來，使徒約翰（若望）看到了一個令他不解的啟示。他看見一個天使「身披雲彩，頭上有彩虹，臉像太陽」，天使的右腳踏海，左腳踏地。他手拿著一個書卷，書卷握在他的大手中，看起來迷你了許多。

約翰聽到來自天上的一個聲音說：「你去，把那站在海上和地上的天使手中展開的書卷拿過來。」約翰獲得授權後，走到披著雲彩的天使那裡，從他手中接下書卷。天使低頭看著他說：「你拿著，吃下去。它必使你肚子苦澀，但是口裡卻好像蜜一樣甘甜。」（啟示錄 10:1-10）

另一趟旅程到此結束。嚮導問我們：「你們從聽到的對話中，學到了什麼？」我們回答說：「天使把來自**神的指引**，清楚具體地指示給人知道。」

嚮導點點頭，然後再次帶領我們出發。

給予安慰與激勵

這趟旅程的速度又更快了。「這次留意天使的雙手。」嚮導說道。

我們又回到曠野，我們先前在水泉邊看到的女人也在。我們這次沒看到水泉。這個女人坐在炙熱的沙土上，臉埋在雙手裡，肩膀抖動起伏著。在距她幾步之遙的地方，從灌木叢稀薄的樹蔭底下，傳來男童乾啞的哭聲。

突然，天使出現在我們頭頂上方湛藍的天空中。他呼叫夏甲說：「夏甲啊，你為甚麼這樣呢？不要害怕，因為孩子在那裡所發的聲音神已經聽見了。起來，扶起孩子，盡力保護他。」於是，夏甲起身，手抓著自己乾渴的喉嚨。她在恍惚中拖著腳步走過沙地，來到哭泣的兒子身邊。

天使在空中伸手劃過這幕場景。夏甲轉過身，第一次看見她之前沒有留意到的東西：她附近有一口井。（創世記21:14-19）

我們前進到另一幕沙漠場景，再次看到了以利亞。他的身影匆忙，步伐踉蹌，彷彿已經長途跋涉了好一段路。他最後來到一棵羅騰樹下，跌坐在地。他喘著氣禱告說：「耶和華啊，現在已經夠了，求祢取我的性命吧。」之後，便累倒睡著了。突然，一個天使俯身拍拍以利亞的肩膀，說：「起來，吃吧！」

以利亞虛弱地從地上起身。他朝天使所指的方向看去，露出和我們一樣吃驚的表情，那裡有：炭火，上面有一鍋炭烤燒餅。烤成棕色的外皮和美味的香氣撲鼻而來，提醒我們這鍋食物隨時可以讓人大快朵頤。還準備了一陶罐的水放在旁邊，瓶身有冰涼水珠冒出。

「起來吃吧！」天使告訴以利亞，「因為你要走的路程太遠了。」（列王記上19:3-7）

我們又跟但以理在一起了。他現在已經是遲暮的老人，儘管身體仍然健壯。他和一些同伴沿著底格里斯河（或譯「希底結河」）河岸散步。突然間，有轟鳴聲和一道耀眼的光芒出現。他的同伴全都嚇到四散奔逃，只有但以理獨自留下，他看到了一個炫目、如閃電般的天使異象。當他定睛觀看，只覺得全身毫無力氣。他整個人癱倒在岸邊，俯臥在地。

天使按手在但以理身上，幫助他用手和膝蓋稍微支撐著身體。他說：「大蒙眷愛的但以理啊！你應當留意我要對你說的話。你只管站起來……」但以理起身站直。

天使告訴他不要害怕。他說，他來是要回應但以理的禱告，儘管他在來的途中，必須制服魔鬼的攔阻。「現在，」天使繼續說道：「我來是要使你明白日後所要發生在你的同胞身上的事。」

但以理再次感到渾身無力，俯伏在地。他想要開口說話，但卻說不出話來。天使再次按手在他身上幫助他——這次按手在他唇上。但以理便開口，他結結巴巴地向天使解釋他所感受到的愁苦和軟弱無力。「我現在全身無力，沒有氣息。」他低聲說道。

天使再次按手在他身上，說：「大蒙眷愛的人哪！不要懼怕，願你平安，你要大大剛強。」

很快地，但以理把肩膀往後拉，下巴抬高，他的胸腔開始恢復正常的呼吸節律。「我主請說，因為你剛強了我。」他如此告訴天使。（但以理書10:4-19）

我們又來到曠野，這是一片多石的貧瘠荒漠。我們第一次在這趟旅程中見到耶穌基督，祂既是人子也是神子。祂站在光禿的石坡上。

地平線那端，有身分不明者靠近。撒但在這裡試探耶穌，但牠現在已經離開了。

耶穌的身體和臉頰經過四十晝夜的禁食，顯得瘦削。祂的皮膚也在太陽的炙烤下，變得黝黑。

現在，那身分不明者變得清晰可見——如同魔鬼（撒但）先前來時一樣——一群天使出現在耶穌身旁。他們俯伏在祂面前，把食物遞上。（馬太福音4:10-11；馬可／馬爾谷福音1:13）

我們繼續前進，但仍與耶穌在一起。現在是夜晚，我們在橄欖園裡。在不遠處，我們看到幾個人擠成一團沉沉睡去。在離我們更近的地方，耶穌正屈膝禱告。我們端詳祂的臉，不禁渾身顫抖。祂正為著某個超乎我們想像的煎熬而承受著巨大的痛苦。「父啊，」祂大聲呼求，抬頭仰望闃黑的夜空，「如果祢願意，就把這杯拿走！但不要成就我的意思，只要成就祢的旨意。」月光灑落在祂額頭上的汗珠，閃爍晶亮。

有一位天使顯現，跪在耶穌身旁，幫助祂。天使伸手緩緩輕拭我們救主眉頭和太陽穴上的汗珠。耶穌重新得到了力量。祂閉上眼睛做了一個深呼吸。（路加福音22:43）

這一幕漸漸從我們眼前消失，但我們始終全神貫注在這幅勾勒出我們的主在橄欖樹下禱告的景象，直到最後。我們知道祂是為了全人類而出現在那裡。我們多麼希望自己可以幫助天使來事奉耶穌，但卻是耶穌反過來服事我們。

最後，客西馬尼（革責瑪尼）園完全從我們眼前消失，我們把眼淚擦乾，告訴嚮導我們體認到天使實在是了不起的**安慰者和僕人**，用他們的手和聲音帶來鼓舞和力量。

帶來啟示與信息

我們的嚮導加快速度，繼續帶領我們穿越前進。「跟好我，」他強力要求我們：「繼續聆聽。」

所以，我們仔細聆聽。我們聽到耶和華的使者從天上呼叫亞伯拉罕（亞巴辣罕），說神應許要賜下後裔給亞伯拉罕：「（我）必使你的後裔繁多，像天上的星，海邊的沙。」（創世記22:15-17）

我們聽見耶和華的使者向瑪挪亞（瑪諾亞）的妻子說話：「你向來不能生育，沒有孩子，現在你必要懷孕，生一個兒子。」（士師記／民長紀13:1-5）

我們來到幾百年後的耶路撒冷，進到聖殿裡面，有個祭司在至聖所的香壇前燒香。他突然看到主的天使向他顯現，而感到驚慌害怕，天使對他說：「撒迦利亞（匝加利亞），不要怕，因為你的祈求已蒙垂聽，你妻子以利沙伯（依撒伯爾）要給你生一個兒子，你要給他起名叫約翰（若翰）。」（路加福音1:11-13）

一眨眼間，時間來到六個月後，我們又來到加利利的拿撒勒。有個年輕女孩看到天使加百列（加俾額爾）出現在眼前，一時害怕到不知要怎麼跟他打招呼。但加百列跟她說：「馬利亞，不要怕！因你已從神那裡蒙了恩。你將懷孕生子，要給他起名叫耶穌。」（路加福音1:26-31）

九個月後，我們來到猶太伯利恆城外的一處山坡上，我們看到牧羊人敬畏地俯伏在地上。有個天使出現，主的榮光照亮天空、山坡、牧羊人還有他們的羊。天使跟他們說：「不要怕！看哪！我報給你們大喜的信息，是關於萬民的：今天在大衛的城裡，為你們生了救主，就是主基督。」（路加福音2:9-12）

在經過耶穌一生的時光後，在耶路撒冷有兩個女人朝墓地走去。她們看到墓穴口的石頭被推開*了，一個穿著白袍的天使坐在石頭上。天使對她們說：「你們不要怕，我知道你們在找被釘十字架的耶穌。祂不在這裡，已經照祂所說的復活了。」（馬太福音28-1-7）

過了二十五年後，我們來到一艘行駛在地中海、正遭到狂風暴雨襲擊的船隻上。現在是晚上。船艙裡有個犯人正要睡覺，有個天使出現在他旁邊，說：「保羅（保祿），不要怕。你必定可以站在凱撒面前；神已經把那些和你同船的人賜給你了。」（使徒行傳27:13-26）

最後，我們瞥見另一個未來景象：有個天使在空中飛行。他有永恆的福音要傳給在地上的每一個人。他大聲說：「應當敬畏神，把榮耀歸給祂！因為祂審判的時候到了，應當敬拜創造天、地、海和眾水泉源的那一位！」（啟示錄14:6-7）

我們互相說：是啊！天使是**神的使者**，把從神而來的信息告訴給我們知道，並用神

＊譯注：聖經是用「輥開」一詞（意思是像車輪般轉動或滾動），為使讀者易於理解，姑且以「推開」形容。

的信息啟示我們。

至此，旅程結束了。我們向嚮導表達由衷的感謝，謝謝他帶領我們展開這趟不可思議的聖經之旅。他接受我們的晚餐邀約，我們邊享用精緻的晚餐，邊討論這趟旅程的一些發現。我們非常感激嚮導加入我們，在我們吃喝快樂的時候，繼續為我們提供了許多方面有用的解釋。

在甜點時間，就在大家熱烈討論我們對於在最後一站所看到的天使（就是大聲說有永恆的福音要宣告的那位天使）有什麼特別印象的時候，我們突然注意到嚮導不見了。他在餐盤上留了一張紙條，我們打開來，讀著上面用金色墨水寫下的留言：

> 不要忘了用愛心接待人，有人就是這樣作，在無意中就款待了天使。
>
> ——希伯來書13章2節

三個警告

這樣的旅行會讓我們對天使有更健全的觀點。但在進一步對天使做更詳盡的觀察和探討之前，我們有必要先提出幾項指導方針。這些準則是重要的警告，會對我們後續的深入探討大有幫助。

第一個警告：絕對不可以根據自己的想像力，自創或是重塑天使的形象。如今，有無數的人都犯了這種錯誤。在各式各樣任君選擇的靈性自助餐中，你可以隨心所欲拼湊出自己想要的天使。我們在繪畫、禮物書、徽章、瓷娃娃，以及用天使來裝飾的其他各類商品上，所看到的大部分天使樣貌，全都是人類想像出來的。「天使」一詞淪為用來行銷這些商品的宣傳用語，它的意思已經完全與聖經中的天使意義背離。這些所謂的「天使」可以被標示為「精靈」或「幽靈」，甚至是「魔鬼」，而且要更加貼切。

當《時代雜誌》把天使形容為「全是棉花糖和馬林脆餅，仁慈和善又不會論斷」而且「就像阿斯匹林，任何人都可以取得服用」時，你可以確定，這與神的天使形象毫不相干，不過是一種現代版的天使贗品，源自於膚淺的愚蠢幻想、純商業主義，甚至是故意的欺騙。

暢銷書《天使之書》（*A Book of Angels*）的作者蘇菲・柏涵（Sophy Burnham）提到，天使之所以變得受歡迎，是「因為我們創造了一種神的形象，認為祂是懲罰、忌妒、好論斷的神，」她還保證，「天使從來不是這樣。他們完全悲天憫人。」她一定沒有讀過聖經，尤其是〈啟示錄〉。她所描述的天使不是神的使者，而是一種現代詐騙。很可惜，她沒有參加我們的旅行團。

提到天使的真相，聖經是唯一可靠的資訊來源。聖經中對天使的清楚描述，等於揭穿了人們現在所說的天使只是山寨版而已。

舉例來說，聖經裡每次提到天使的性別，永遠是男性的形象。有些人會說他們見過女性形象的天使，但聖經從未指出這點。我們在一些民間傳說中會看到天使化身成動物或鳥，但在聖經中，天使從未以這種形象出現。

根據聖經，天使是一種有生命的受造物階級，而且從來都不是靈命較高的人類的化身。換句話說，人類並不會演變或化身成為天使。在一本童話書裡，是如此描述天使的：「天堂是女生化身成天使的地方，因此上帝會盡祂所能與男孩們在一起。」但事實是，可愛的小女孩並沒有比愛吵鬧的小男生更有機會變身為天使。同樣地，想像已經過世的摯愛親友化身成天使到處翱翔，只是一廂情願的自我安慰罷了，不符合聖經對天使的描述。

聖經也從未指出，天使曾經住在人的內在。從未有「天使住在你的心中」這樣的情況，即使是在你最風光的時候也沒有。

在聖經裡，並沒有提到天使會努力想辦法得到他們的翅膀，就像在詹姆斯．史都華（Jimmy Stewart）所主演的電影《風雲人物》（*It's a Wonderful Life*）裡的克雷倫斯這個天使角色一樣，聖經對此連一點點暗示都沒有。事實上，在聖經裡除了基路伯（革魯賓）和撒拉弗（色辣芬）外，並沒有許多證據顯示天使擁有翅膀（或許他們有時有翅膀，有時沒有）。

聖經也沒有表明天使會變老——在雲彩之中，不存在那種會經歷成長歲月的「小天使」。神的天使永遠存在。向但以理顯現的天使加百列，與在五百年後向耶穌的母親馬利亞，還有施洗約翰的父親撒迦利亞顯現的加百列是一模一樣的，完全沒有隨時間增長而有任何老態。

我要再次強調：務必要避開當今所虛構出來的天使形象，只相信聖經的觀點。

第二個警告：永遠不要讓天使取代神在我們生命中的地位。對於今天那些不了解聖經教導的人而言，這構成了一個巨大的陷阱。我深信，靈修的熱潮與其出現的偏離行為，就像我們在這股天使熱潮所看到的現象一樣，成了仇敵阻止我們忠心跟從神的一種伎倆。

所有人都想要知道自己的屬靈命定（spiritual destiny）——一種對永恆的深切渴望——這是神放在我們心中的渴望。很久以前，保羅就提醒住在雅典的希臘異教徒，說神已經預先設定了人類的歷史，「要他們尋求神，或者可以摸索而找到祂。其實**祂離我們各人不遠，因著祂我們可以生存、活動、存在**。」（使徒行傳17:27-28）

《今日基督教雜誌》發出警告：「對於那些想要一解自己的靈性『癮頭』，還自以為不必勞煩神的人來說，天使很容易成為他們的誘惑。」

南加州大學的宗教專家羅伯特．埃爾伍德（Robert Ellwood）教授，也提出了自己的觀察：「既然人們覺得天使就在身旁，何必要麻煩全能神來幫助自己呢。」

這種愛天使勝過愛他們的（也是我們的）創造主的現象，是對神的褻瀆。這種寧願有天使的幫助也**不要神的幫助**的想法，會讓我們嘗到悲慘的苦果，如同以色列人的經歷。神把他們從埃及拯救出來，脫離身為奴隸的命運後，他們卻打造金牛犢而得罪神（出埃及記32），於是神告訴摩西，對於以色列人後續尋找應許之地的旅程，祂有一個新計畫，「我要差派使者在你前面，」神告訴摩西：「我不與你們一同上去，因為你們是硬著頸項的人民，免得我在路上把你們消滅。」（出埃及記33:1-3）

以色列人在聽到要換一個新的領袖（也就是天使）來帶領他們後面未完的旅程，有感到歡欣鼓舞嗎？他們認為天使是比神更和善的引領者嗎？沒有。「人民一聽見這凶信，就悲傷起來……」（出埃及記33:4）

凡是掉頭離開神而轉去尋求任何其他屬靈幫助的人，等待他的會是不幸的悲劇。不論那個人日後會有什麼樣的屬靈經歷，最有可能是來自撒但，牠一把自己裝扮成光明天使，就趕來派對現場。渴慕天使多於創造主只會惹禍上身。對天使癡迷就像癡迷其他事物（除了神以外）一樣，是不恰當的。天使不是創造萬有的神；他們是神所創造的，就像祂也創造了食物、性以及我們和其他人等等。

十誡的第一誡就是對於轉而離開神的警告。當我們回頭重讀十誡的前兩條誡命，就會發現把它們套用在天使身上會有多麼符合，可以讓我們獲得啟發：

> 除我以外，你不可有別的神。

不可為自己做偶像，也不可做天上、地下和地底下水中各物的形象。不可跪拜它們，也不可事奉它們……（出埃及記 20:3-5）

即使有事物像天使一樣聖潔，也永遠不可以把它當作偶像來崇拜。

而這一點直接導致了**第三個警告：天使永遠不能受人敬拜**。聖經對此有嚴正聲明。在〈歌羅西書〉（哥羅森書）二章十八節，保羅就表明反對任何人「以故意謙卑，敬拜天使為樂」。在〈羅馬書〉一章二十五節中，則指明了敬拜天使本身是另外一種基本的偶像崇拜，是有罪的，「他們用虛謊取代了神的真理，敬拜事奉受造之物，卻不敬拜事奉造物的主。」

聖經中最敬虔的聖徒之一，就在這件事上被責備了兩次。約翰被稱為愛的使徒，因為他以教導愛以及與耶穌之間有深刻的愛的連結而著稱。我們知道〈約翰一書〉（若望一書）是約翰所寫的書信，在信的結尾他寫下了：「孩子們，你們要保守自己遠離偶像。」因此，有誰會想到約翰自己竟然也情不自禁地崇拜起偶像？

他在晚年被流放到拔摩（帕特摩）島期間，把看見的異象記載在〈啟示錄〉裡，在這些異象裡，天使的身影隨處可見。在一場歡欣慶祝羔羊婚禮的筵席上，天上熱烈敬拜讚美過後（見〈啟示錄〉十九章），指引他的天使轉身面對約翰，要他寫下：「被邀請赴羊羔婚筵的人有福了！」還說：「這都是神真實的話。」

約翰立刻「就俯伏在天使腳前**要拜他**」。天使嚴厲斥責他：「千萬不可以這樣！我和你，以及你那些為耶穌作見證的弟兄，都是同作僕人的。你應當**敬拜神！**」（啟示錄19:10）

然而，這種試探非常誘人而危險，我們會看到約翰再次被警告。在他所看見的異象來到最高潮時，有個天使向約翰描述天上的新耶路撒冷城及其難以言喻的榮美。天使告訴約翰：「這些話是可信的、真實的！」（啟示錄22:6）約翰也聽到了基督應許快要再來。接著，我們再次讀到約翰誠實的敘述：

> 聽見又看見了這些事的，就是我約翰。我聽見又看見了之後，就俯伏在指示我這些事的天使腳前**要拜他**。他對我說：「千萬不可以這樣！我和你，以及你的弟兄眾先知，還有那些遵守這書上的話的人，都是同作僕人的。你應當**敬拜神**。」（啟示錄22:8-9）

約翰在這件事上的軟弱，給了我們一個很好的警惕——因為偶像崇拜而犯罪（得罪神）有多麼容易。敬拜天使就和我們把自己生命的主權交給除了神以外的任何事或人一樣不當。敬拜天使就和看重金錢、權勢或自戀一樣，都不被神所接受。神說：「除我以外，你**不可有別的神**。」

我們必須效法〈詩篇〉七十三篇的作者，培養出對神專一敬虔的態度。他可以對神說：「除祢以外，在天上，我還有誰呢？除祢以外，在地上，我也無所愛慕。」（73:25）你也可以誠實地對神做相同的禱告嗎？

大部分的人看到約翰要拜天使，都非常能理解約翰的處境。面對威嚴的天使，有誰不會被吸引而對他們屈膝下拜呢？尤其在目睹了約翰所見過並記載於〈啟示錄〉的天使所有事蹟後。看見神的真正天使顯現，一定是超乎我們想像的震懾景象。天使幾乎總是向我們隱身的原因之一，或許是為了不讓我們受到和約翰一樣的試探或誘惑。人類自己做的偶像已經足以誘惑我們拜它們了，如果我們天天都看到天使，會怎麼做呢？

不過，就算我們可以看到天使，但比起看見神本身，天使還是會相形失色。陶恕（**A. W. Tozer**）幫助我們理解這樣的比較：

> 神永遠超脫在無法接近的光中。祂離毛毛蟲有多高，離天使長就有多高。因為區別天使長和毛毛蟲的巨大差異是有限的，而神和天使長之間的差異卻是無限大。從受造物的大小來衡量，毛毛蟲和天使長之間雖有天差地別之遙，但他們同樣都是受造物。兩者都屬於非神類別，與神之間有無限之別。

崇高威嚴的天使有助我們把眼光從這個問題叢生的地上人間轉移開來。但他們的用意是要吸引我們的目光定睛在主身上，而不是在他們身上。所有榮耀都歸給神，祂並不想和天使共享。天使並不比毛毛蟲更配得我們的敬拜。

人也是屬靈存有，當我們以誠實和小心謹慎的態度愈深入研究天使，我們的靈魂會情不自禁生出敬拜的渴望。所以，隨著本書繼續前進，如果你記得聖經中天使口說的任何隻字片語，請特別記住這一句話：

敬拜神！

第4章

天使與神的關係

《多俾亞與天使》，菲利皮諾・利皮（Filippino Lippi）的作品，十五世紀。

我們已經看到了聖經所記載的部分天使事蹟，實在令人驚嘆，我相信你也會認同我的說法。但你可能會問，有什麼證據（你可能希望有大量證據）表明，天使直到今天仍然在做這樣的事情？

要回答這個問題，正確的第一步就是審視神的本質。神有理由創造天使，而這些理由就像祂創造你我一樣，都源自於「神是誰」。

神的溝通管道

在對神有更進一步了解之前，先讓我們把「天使」的定義稍作梳理。一個簡單明瞭的天使基本定義為：他們是來自地球之外的靈性存在或靈體。

根據這個寬鬆的定義，天使有兩大廣義類別：好天使與壞天使。我們稱好天使為神的天使，他們總是甘心樂意地順服神，為神效力。壞天使是墮落天使——也就是撒但與其魔鬼手下。牠們是邪惡的靈，反叛神，而且持續與神作對。牠們有自己的故事，我們可以從中學到許多教訓。我們會在後面的章節中對此有詳細敘述。在此之前，我們在文中提到「天使」時，就是指「好天使」。

在英文版聖經裡，「天使」（angel）一詞翻譯自希伯來文舊約中的「使者」（mal'ak），以及希臘文新約中的「報信息者」（angelos）。這兩個字的主要意義是「使者」，這就是天使的本質。他們是神的信使、使節與代表。他們只代表神，從來都不代表自己。他們是神的管道，只帶來神的信息。他們根據神的指示來說話和行動，他們帶來神的權威。

下一次當你讀到聖經中關於天使的經文，不妨以「使者」一詞來替換「天使」，就能充分體會到他們的信使本質。離開了神，天使什麼都做不了，也變得微不足道。他們的食物與水就是遵照神的旨意行事，來完成神的工作。而神對天使的旨意和任務安排就是**傳達祂的信息**，天使則透過說話和行動來完成。

天使是使者。當他們給我們力量或啟示，其實是神藉著他們帶給我們力量或啟示。他們的鼓舞就是神的鼓舞。他們的引領就是神的引領。他們的保護就是神的保護。當他們帶來安慰，就是神所給予的安慰。當他們帶來憤怒，就是神所降下的憤怒。

這也是為什麼要了解天使必須回到神的本質上。神本身是個溝通者。「道」（Word）是能恰當傳達神屬性的名字之一：「太初有道……道就是神。」（約翰／若望福音1:1）神「將心意指示人」，先知阿摩司（亞毛斯）如此說道（阿摩司書／亞毛斯4:13）。神把自己彰顯給人知道。祂總是向你我說話。「整本聖經都在支持這種觀點，」陶恕說道：

神正在說話。神不是在過去說話，而是此時此刻正在說話。從神的屬性來看，祂持續在說話。祂用說話充滿這世界。

天使只是神向世界說話的方式之一。神也透過人類使者來溝通：「神在古時候，曾經多次用種種方法，**藉著先知**向我們的祖先**說話**。」（希伯來書1:1）聖經把過去神所指示給先知們的話，生動詳實地記載於聖經中。我們也聽到了神對耶穌基督生命的呼召：「在這末後的日子，卻藉著祂的兒子向我們**說話**。」（希伯來書1:2）

連天空都成了3D立體螢幕，顯明神持續不斷在溝通：「諸天**述說**神的榮耀，穹蒼**傳揚**他的作為。天天發出**言語**……」（詩篇19:1-2）事實上，神透過整個大自然永不止息地彰顯祂自己，而且以極其穩健的方式運作不輟，對於那些視而不見這項信息的人而言，誠如菲利浦（J. B. Phillips）牧師在〈羅馬書〉一章十九至二十節經文釋義中所說的，他們實在「找不到一丁點藉口」來為自己的輕忽辯解：

> 這並不是他們不知道神的真實；神其實已經清清楚楚地表明了祂的存在。因為神從開天闢地之初，祂隱而未現的屬性，例如：祂的永恆大能和神性，已經透過祂的創造物清楚地顯明出來……

大自然就是神的傳聲筒，整個大自然的設計反映了它的偉大設計者。既然真正的科學是觀察和了解大自然，那麼科學的基本宗旨就是向我們指明上帝。

天使在神的溝通工作上扮演著奇妙又獨一無二的角色，但他們的工作是與神其他說話的方式交織在一起。我們擁有的〈啟示錄〉書卷，便可以充分說明這一點：聖經告訴我們，神向耶穌顯明了這書卷的信息，然後，耶穌再把它顯明給人類使者（使徒約翰），但祂是**透過一個天使**來完成。最後，約翰把它記載於我們現在所讀到的聖經最後一卷書〈啟示錄〉裡。

所以，這整個溝通順序如下：

神→耶穌→天使→約翰→聖經→你和我

請仔細讀〈啟示錄〉卷首頭兩節經文，看看你是否了解它們的真諦：

> 耶穌基督的啟示，就是神賜給祂，叫祂把快要發生的事指示祂的眾僕人。祂就**差派天使**顯示給他的僕人約翰。約翰把神的道，和耶穌基督的見證，凡是自己所看見的，都見證出來了。

〈啟示錄〉壯麗的結束篇章，也提到了同一點。首先，天使告訴約翰：

> 這些話是可信的、真實的！主，就是眾先知之靈的神，**差遣了祂的天使**，把那快要

發生的事，指示祂的僕人。（22:6）

然後，我們聽見耶穌親口說出：

……差遣了我的使者、為眾教會向你們證明這些事的，就是我耶穌。我是大衛的根，又是他的後裔，我是明亮的晨星。（22:16）

天使身為使者，在把舊約頒布給我們一事上，扮演了獨特的角色。司提反和保羅在提到舊約的律法時，說：「你們領受了由天使傳達的律法。」（使徒行傳7:53；加拉太／迦拉達書3:19），〈希伯來書〉的作者則說律法為「那透過天使所傳講的信息」（2:2）。顯然，有為數眾多的天使參與其中。當摩西回憶神如何來到西乃山上，把律法頒布給他時，他說神「在千萬聖者中來臨」（申命記33:2）。聖經在使用「千萬」和「聖者」這兩個詞時經常與天使有關。「千萬」的意思可以是一萬或一萬以上的龐大數字，「聖者」則反映了天使對神完全忠誠。

天使在新約中也一樣突出，我們會在後面看到，尤其在我們研究耶穌於地上生活期間，以及在〈啟示錄〉中天使所扮演的角色時，更為顯著。

所以，神總是透過許多方式與人進行溝通，而天使又在其中扮演舉足輕重的角色。

你和我當然也是溝通者。你最樂於親近的人，也是如此。假設你今天收到了一封遠方好友的來信，你一開始會怎麼處理？你會讀它幾個小時，來分析它、欣賞它嗎？你會設法取得墨水的化學分析表，了解它的完整成分嗎？你會調查信紙的紙張來源，以及它是如何製作裁切的嗎？

當然不會——信紙和墨水只是你朋友的溝通工具而已。你感興趣的是你的朋友和信的內容。只要把他的信息帶給你，信紙和墨水已經達成它們的預定用途。

相同的邏輯也可以應用在我們對天使的態度上。天使只是神的一種溝通方式。神藉由天使的所說和所做，表達了祂對我們的友誼和父愛，還有更多。重要的是天使帶來的信息，而不是使者本身。

帶領我們更深愛基督

務必切記，天使永遠是**單向使者**。他們是神對我們的使者，從來都不是我們對神的使者。在聖經裡沒有人向天使禱告，我們也不該這樣做。他們不是我們和天上之間的中保或中間人。

他們不是中保，因為已經有另一位來擔當中保的角色——我們為此讚美神！「因為神只有一位，在神和人中間也**只有一位中保，就是降世為人的基督耶穌**。」（提摩太前書

2:5）基督作為中保所帶給我們的恩典——我們靈魂的自由和永恆救贖——是天使永遠做不到的。「因此，祂作了新約的中保，藉著祂的死，使人在前約之下的過犯得到救贖，就叫那些蒙召的人，得著永遠基業的應許。」（希伯來書9:15）

這就是為什麼在新約中提到天使時，完全聚焦於基督的每一種超凡屬性。既然我們對天使如此關注，新約的這種聚焦反而成了最好的驅策力量，讓天使帶領我們進入到對基督更深的愛中。現在就跟著我進入到新約中，看看一些有關天使的經文，同時要不斷問自己一個問題：我對耶穌與其福音的虔誠和尊崇程度，與此處經文的教導有多符合？

基督無與倫比的愛使保羅深受感動，所以相比之下，他把天使和魔鬼都歸類為「任何別的被造之物」。他宣告，這些其他受造之物沒有一個「能叫我們與神的愛隔絕」（羅馬書8:38-39）。

保羅全心全意致力於傳揚基督的福音，反之，他準備好要詛咒天使。請仔細聽他語氣強烈的發言：

> 但無論是我們，或是從天上來的使者，如果傳給你們的和我們以前傳給你們的福音不同，他就該受咒詛。（加拉太書1:8）

如果你認為以如此嚴厲的態度對待天使，實在是太極端了，請記住，保羅也表明只要他無法忠於基督的福音，他願意以相同的標準要求自己（和別人）。無疑地，我們對於福音的回應決定了我們的結局——藉著基督與神和好，就是天堂；反之，只與天使和好，就是地獄。

保羅提到，神如何使基督從死裡復活：「並且在天上坐在自己的右邊，遠超過一**切執政的**、**掌權的**、**有能的**、**作主的**，和今生來世所能舉出的一切名銜。」（以弗所／厄弗所書1:20-21）在天上，基督當然見過位高的顯赫天使，他們有能力而且充滿威嚴，但卻遠遠位在基督之下。

當保羅在〈歌羅西書〉三章一至二節告訴我們，要把我們的心思意念聚焦在「天上的事」時，他具體指出天堂就是「基督的居所」。天使也在那裡，但保羅並沒有把他們放在聚光燈下。是基督使我們有一顆敬畏神的心，不是天使。當保羅在後面警告不要崇拜天使時，他同時也提醒我們「那真體卻是**屬於基督的**」（歌羅西書2:7）。

在〈腓立比書〉（斐理伯書）二章九至十節告訴我們，神高舉基督：

> 因此神把祂升為至高，並且賜給祂超過萬名之上的名。使天上、地上和地底下的一切，因著耶穌的名，都要屈膝。

天使、人類和魔鬼有一天都會屈膝跪拜，承認耶穌的榮耀和至高無上（你今天已經這樣做了嗎？）。

整本聖經中對於天使最全面的論述，非〈希伯來書〉頭兩章莫屬。但整個論述特別強調：基督絕對凌駕在天使之上。作者舉出一個又一個理由來充分闡明他的觀點：

- 神稱耶穌為兒子，那是天使永遠得不到的位分。（1:4-5）
- 神命令天使敬拜耶穌。（1:6）
- 神給了耶穌一個永遠堅立的寶座，藉此成為治理萬有的君王，但天使就像轉瞬即逝的風或閃爍不定的火焰。（1:7-8）
- 耶穌比天使更了解喜樂。因為神用「喜樂的油」膏祂，勝過膏祂的同伴（天使）。（1:9）
- 耶穌創造了世界——一個短暫存在、注定終結的世界。而耶穌自己則永遠長存，被神高度尊榮，並將所有仇敵都當作腳凳。反之，天使只是服役的靈，他們的工作就是服事效力在這短暫世界中得著基督救恩的人類。（1:10-14）
- 在那將要來的世界，統治者是耶穌，不是天使。（2:5-9）

在此基礎上，〈希伯來書〉作者繼續前進到第二章中間一段較隱晦的經節。我們後來終於恍然大悟，而驚嘆其中的奧妙。作者在前面曾提到天使是靈，像風像火。現在，他提醒我們耶穌暫時要「比天使卑微一點」——耶穌道成肉身，成為人類的樣式。祂本是永恆的靈，反倒被賦予凡人一樣的血肉之軀，因此有了和人類一樣的性情。祂被造成「像」我們——「在每一方面」。

耶穌就是在道成肉身的時候，「被試探而受苦」。耶穌也在道成肉身的時候，「嘗到死味」。天使作為靈，不會流血或死亡。基督會，而且親身經歷了——為了你，為了我。正是為你為我，使得基督和天使之間有了一個永遠的區別。藉著為你我而死，基督能夠「消滅那掌握死權的魔鬼」（2:14）。

天使的天梯

但請不要被我誤導，誤以為天使沒有用。所有這些論述不是為了貶低天使，而是為了高舉基督的必要步驟。除非看清所有受造物與基督之間有正確的關係，否則無法對他們有正確的理解。高舉耶穌並不會讓我們輕看天使，反而有助我們對天使有真正的認識，而能確實領受到天使的最大幫助。

聖經還有二處簡短的經文，將有助我們把關於基督和天使的精彩觀點，更加地深植在我們心中。還記得雅各有天晚上躺在地上，頭枕著石頭睡著的故事嗎？在夢中，雅各他看見——

夢見一個梯子立在地上，梯頂直通到天，神的眾使者在梯子上下往來。耶和華站在梯子上……（創世記 28:12-13）

一千九百年後，在約旦河附近，耶穌和一些男人展開了彼此生平第一次談話，他們將會成為耶穌在世上的使徒。祂告訴他們：「我實實在在告訴你們，你們要看見天開了，神的眾使者在人子的身上，上去下來。」（約翰福音 1:51）耶穌說的話很容易就讓他們想起雅各的夢。但基督沒有提到天梯，而是提到祂自己。祂說的話究竟是什麼意思呢？

祂話中的意思或許不會在我們生前完全實現，而要等到我們看見「當人子在祂的榮耀裡，帶著所有的使者降臨的時候，祂要坐在榮耀的寶座上」（馬太福音 25:31）。但是加爾文把〈約翰福音〉和〈創世記〉之間的聖經書卷相互參照後，發現了這個線索：「一件絕無僅有的事發生了，因著基督的代求，天使的服事工作得以擴展到我們身上。」

即使在現在，天使可能也只透過基督在天上和地上之間來來回回。天使只遵照耶穌的旨意，奉差遣來服事我們。耶穌自己對我們的事工、祂對我們的計畫，以及祂對我們的保護，就成了天使來回天地之間的繁忙天梯，藉此每日殷勤服事我們的需要。

天軍的主

神是偉大的溝通者，透過基督向我們說話，也藉著基督差遣天使來服事我們。神差派天使向我們顯明祂對我們的愛和大能。

為了幫助我們了解這點，神以一種特別的方式——透過祂的名字——來與天使連結。

在聖經中，有兩百五十次神稱呼自己為「萬軍之耶和華」（the Lord of Hosts），它的意思是「天軍之耶和華」。希伯來文的用語是「萬軍之雅威」（Yahweh Seba’ot）。在英文欽定本聖經裡，有時候會使用「Lord Sabaoth」來表示「萬軍之耶和華」。

有些現代英文聖經譯本會將神的這個名字譯為「the Lord Almighty」（全能的主），好讓我們正確聚焦在此名所暗示的神的權能上——神有至高無上的主權指揮天上大軍。但這種翻譯或許有些失真。保留「萬軍」一詞會讓我們心中立即浮現這樣的畫面：有數不清的強大天使組成了天上軍隊。這彷彿是神希望我們每次聽到祂被稱為「萬軍之耶和華」時，就會在腦海中勾勒想像這些軍容壯盛的天使大軍。

這個名字立即給了我們一幅主率領祂的天上精兵部隊的畫面。不多久，當「主耶穌和祂有能力的天使從天上顯現在火燄中的時候」（帖撒羅尼迦／得撒洛尼後書1:7），我們一定會再次想起這個名字，而大聲歡呼讚美萬軍之耶和華。

有意思的是，神的這個名字最常出現在舊約裡，但明顯可見的天使活動在舊約中不是那麼顯著。神似乎要藉著這個名字使其百姓銘記在心，即使天使沒有被看見或被聽見，他們仍然隨時聽候神的差遣。

在新約中，神的名字「萬軍之耶和華」出現在以希臘文寫成的〈雅各書〉（雅各伯書）五章四節中，對囤積財富的富人們發出嚴厲警告。這節經文看起來是發生於基督在天使的伴隨下再次降臨人間之前。但這節經文使我們想起，當他們再來時，將會帶來神的審判和憤怒，而不是救贖：

看哪，工人為你們收割莊稼，你們竟然剋扣他們的工資；那工資必為他們呼冤；收割者的呼聲，已經達到萬軍之主的耳中了。你們在世上窮奢極侈，養肥了自己，竟不知屠宰的日子到了。

主與祂的軍隊一同顯現的那日，所有人都將招架不住俯伏在地，但對惡人來說，那是不折不扣的恐怖戰慄景象。直到那日來到之前，祂希望所有人能把這幅畫面銘記於心。

今天，邪惡橫行，我們不禁會質疑神是否已經失去對世界的控制。如果這個世界正在加速崩壞中，難道大人物們不能做一些事來挽救這個頹勢嗎？然而，即使是在嚴重失序的亂世裡，萬軍之耶和華依舊掌權。萬軍之耶和華仍然是那位掌權的神，最終的得勝者，我們的救贖主。而祂與我站在同一陣線，只要想到這點，我就感到無比安心。

同時，這也讓我對神充滿敬意，天使是不會讓我們忘記這件事情的。

既近又遠的奧祕

當你思索聖經中的天使時，很快就會聚焦在兩方面：威嚴和敬畏。威嚴始終是他們的本色，而敬畏則會從他們向其顯現的人心中源源不絕湧出。

我們知道，讓人心生敬畏的源頭不是天使本身，而是神。神的威嚴和能力遠遠超過天使，讓人敬畏不已。〈詩篇〉作者頌揚神的榮耀「超越諸天」，「誰像耶和華我們的神呢？祂坐在至高之處，祂**俯首垂顧天上**和地下的事。」（詩篇113:4-6）實際上，神甚至不是很看重天使的天上居所，因為他們也只是神的受造物。

其實，我們愈仔細思考神作為萬軍之耶和華、天使軍隊之主的形象，就會愈加體會到兩種互相矛盾的感覺。一方面，我們想到神因為顧念我們，竟賜予如此強大的幫助而感到高興；神竟會為了我們從天降下，介入我們的生活，這是多麼大的恩寵。

但另一方面，只是在腦海中想像如此神聖壯麗的場面和超自然力量，就突顯了我們自己的渺小、軟弱和微不足道。突然間，我們比以前更清楚地領悟到神的大能和聖潔遠超乎我們的想像。祂與我們是如此不同，而且與我們相隔遙遠。

是的，神來了，但卻製造了一個更大的鴻溝。我們看見神是那樣靠近我們，但卻依然離我們那樣遙遠。祂離我們總是既近又遠。這對我們是個難解的奧祕！

天使加劇了這兩種互相矛盾的感受。他們帶來主的信息給我們，多麼仁慈又多麼令人興奮，為我們開啟了一扇窗，得以一窺神與天堂的美妙。然而，連最良善的人看見天使，只要想到神與他們之間的巨大鴻溝，都會變得畏縮起來。

先知以賽亞（依撒意亞）就有過這樣的經歷，他對這次經歷的描述，是聖經裡最令人生畏的經文之一。

事情發生於「烏西雅（烏齊雅）王去世那年」（以賽亞書6:1）。這個一代明君長期執政的政權畫上了句點。但是以賽亞瞥見了更偉大的君王。他說，他看見了「主坐在高高的寶座上」。

他看見空中出現耀眼的天使撒拉弗。他們用翅膀遮住臉，因為連他們都無法直視神的榮耀。以賽亞聽見他們呼喊說：「聖哉！聖哉！聖哉！萬軍之耶和華！」他們三次強調這個事實——神獨立於所有受造之物，而且超越萬有。神學家喜歡稱此為神的「超越性」（transcendence）。祂是聖潔、至高至上的神，永遠凌駕及獨立於祂的所有受造物。

以賽亞也聽到撒拉弗大聲呼喊：「祂的榮光充滿全地！」不知何故，聖潔神也積極與其所有受造物同在。這就是神學家所說的神的「內住性」（immanence）。

神的超越性和內住性總是能並存不悖。但在人類有限的思維裡，我們在思考神的時候，常常認為二者是分開運作的，是先此再彼。但事實是，神的這兩種特性總是保持完美的平衡——祂總是離我們既近又遠。

「難道我只是近處的神嗎？不也是遠處的神嗎？」這是耶和華的宣告。「人怎能躲藏在隱密處，以致我看不見他呢？（這是耶和華的宣告）。我豈不是充滿天地嗎？」這是耶和華的宣告。（耶利米書／耶肋米亞**23:23-24**）

保羅也在雅典的市場向那些有智慧的人闡釋這一點：「創造宇宙和其中萬有的神，既然是**天地的主**，就不住在人手所造的殿宇。」神超脫人所造的殿宇之外。但同一位神，保羅繼續說：「其實祂離我們各人**不遠**，因著祂我們可以生存、活動、存在。」（使徒行傳**17:22-28**）

天使也接近我們，也與我們保持距離。他們之所以如此，全因創造他們和規劃他們工作的那一位神就是如此。他們可以像供應烤餅給以利亞、幫助癱軟的但以理站立那樣，親切而迷人。他們也可以像一把發出火焰的劍，把亞當和夏娃阻擋在伊甸園之外那樣，難以讓人親近。

所以，讓我們現在回到本章一開始所問的這個問題：今天，天使仍然在執行聖經中所記載的那些關於他們的事蹟嗎？

我實在查不出聖經中有哪些理由支持天使現在不能，將來也不會再做那些事情，因為神永不改變。神仍然在溝通。祂向我們靠近。祂是我們的救主和愛我們的天父。「祂連自己的兒子都捨得，為我們眾人把祂交出來，難道不也把**萬有**和祂一同白白地賜給我們嗎？」（羅馬書8:32）此處所說的「萬有」當然也包括天使。

但是他們的服事永遠不受你我的召喚，他們的出現也永遠無法預測。他們一如既往離我們很近，但也遙不可及。

這是個謎。事實上，天使是個充滿謎團的主題。但這種奧祕對我們是有益的，現在又更甚以往。今天許多基督徒在思考神的事情時，缺乏敬畏感和奧祕感。我們以為，既然我們已經充分體認到神是平易近人、又看顧我們需要的神，那其他就無關緊要了，不是嗎？我向神禱告，隨著我們開始重視有關天使的種種奧祕，這樣的想法會得到修正。

神沒有告訴我們天使的全貌，也永遠不會這麼做。連祂**已經**向我們顯明的事情，我們囿於心智和靈性的有限都參透不了了。儘管如此，這些神已經向我們顯明的寶藏，正等待我們去發掘和擁有——「奧祕的事，是屬於耶和華我們的神的，只有顯露的事，是永遠屬於我們和我們子孫的。」（申命記29:29）

第5章

天使是怎樣的存在？

《天使》，拉斐爾（Raffaello Sanzio）的作品，十六世紀。

那麼，天使到底是什麼呢？他們是由什麼組成的？他們來自哪裡？他們住在哪裡？他們和我們有多像？又有多不同？萬一天使顯現，讓我們可以更加認識一位天使，我們該有什麼期待或心理準備？

由於人們累積了許多錯誤的天使資訊，讓我們回到聖經，從聖經開始的地方開始。首先，**天使是受造的生命**——就像你我和毛毛蟲一樣，如同前文所述。他們不是宇宙大爆炸的產物，也不是誕生自某種層級分明的生物演化過程。是神創造了天使。

天使就像你我和毛毛蟲一樣，是在基督**裡**被造、是**藉著**基督被造，也是**為了**基督被造。在〈歌羅西書〉一章十六節裡，我們讀到「**萬有**都是藉著祂」造的，也一同連結於神子。基督是萬有受造的**因**，是萬有受造的**憑藉**，也是萬有存在的**目的**。對於所有受造物而言，他們是從哪兒來的、是如何被造的，又為什麼被造，基督是這一切問題的答案。基督是他們的王和主，如同祂也是我們的王和主。

但我們有什麼理由相信保羅在這節經文中，想的是超脫地球的受造物？他心中所想的真是天使，而不是毛毛蟲嗎？

答案顯然是肯定的。在同一節經文中，保羅籠統地簡述了他所說的「萬有」涵蓋了哪些受造物：

……因為天上地上的萬有：看得見的和看不見的，無論是坐王位的，或是作主的，或是執政的，或是掌權的，都是本著祂造的；萬有都是藉著祂，又是為著祂而造的。

在這個緊密連結的被造順序中，保羅很謹慎地把「天上的」和「看不見的」受造物也包含了進來。天使完全符合這兩種特性，我們稍後就會看到。保羅把天使納入的目的，很可能是為了駁斥歌羅西教會盛行的敬拜天使現象，這點他會在後面提及（2:18）。他深知唯有聚焦於基督，才能導正這種偏差行為。

天使顯然不會有這種偏離正道的問題，他們不會敬拜彼此。他們很清楚這種分際。他們知道自己受造完全是出於主的旨意和喜悅。根據〈啟示錄〉第四章，天使在敬拜神時做了如下宣告：

> 又把他們的冠冕放在寶座前，說：主、我們的神，祢是配得榮耀、尊貴、權能的，因為祢創造了萬有，萬有都是因著祢的旨意而存在，而被造的。

當這些天使說出「萬有都是因著祢的旨意而存在」這句話時，無異於進一步承認了這個真理：出於神的旨意和喜悅，他們才能存續到今天。這個真理也適用於我們：我們誕生的理由和我們為什麼直到如今依然存活的理由，和天使一樣，都是因為出於神的旨意和喜悅。

最重要的是，這個基本事實要求一個簡單的回應：讚美神。〈詩篇〉一四八篇一開始就要求，在天堂和穹蒼的萬物——詩人具體指出了有太陽、月亮、星辰和**天使**——都要來讚美神：「願這一切都讚美耶和華的名，**因為祂一發令，它們就都造成**。」這項要求對我們就和對天使與星辰一樣適用。天使和星辰都歡喜快樂地持續滿足這個讚美的要求，那你呢？

天使是為我們而造

神當然不需要他們，但為什麼仍要創造這些天使大軍呢？就像加爾文說的：「只要神高興，祂只要一個點頭就可以差遣他們，執行祂的工作。」

因此，加爾文得出這個結論：神在創造天使時，一定是考量到我們的利益。神使用天使成為「我們在軟弱時的幫助」，來「加添我們的盼望或堅固我們的信心」。

加爾文相信，神提供的保護足夠我們使用。所以他說，我們「仍到處尋求幫助」是「不對的」。他還說，如果神基於祂無盡的恩惠和寬容，選擇差派天使來服事我們的軟弱，「如果我們忽略了這個恩典，反而是我們的錯了」。

他的結論反映了〈希伯來書〉一章十四節的教導，我們會不斷回到這個經節：「天使不都是服役的靈，奉差遣為那些要承受救恩的人效勞嗎？」由此可知，天使在這裡，是為了服事我們。

在〈創世記〉第一章的創世描述裡，天使沒有被提到，因為這一章的敘述焦點是可見的受造物。天使沒有出現在這裡可能也表明了，天使不受人的治理。神在創世那一週裡的最高潮階段，給了人類一項特權和責任：「使他們管理海裡的魚、空中的鳥、地上的牲畜，以及全地，和地上所有爬行的生物！」（創世記1:26）但這份清單裡沒有天使。我們可以放牛、把金絲雀關在鳥籠裡、在菜園裡種哈密瓜和花椰菜，但我們不能使喚天使替我們洗衣服或暖車。

天使何時被造？

神在何時創造了天使？

神告訴約伯，在地球被造的時候，天使已經在歡慶的行列裡。神在〈約伯記〉（約伯傳）三十八章四節問約伯：「我立大地根基的時候，你在哪裡呢？」約伯那時候當然不在場，所以神顧念約伯，又加添了更多細節來描述開天闢地時的景象：「那時晨星一起歌唱，神的眾子也都歡呼。」（38:7）當大地形成的時候，約伯不在場，但眾天使在，共享歡欣慶祝的美好時刻。

顯然，天使是在創世的第三天前被造的。那天，神把天下的水匯聚成海洋，使陸地

顯露出來。（創世記1:9-10）

〈詩篇〉一〇四篇似乎也呼應了天使出現的時間。這首讚美詩稱頌神的偉大，頌揚祂如何創造世界和供養所有受造物。在頭幾節經文裡，它以充滿詩意的意象，概略描述了神的創造。這首讚美詩的展開，是按照〈創世記〉第一章神的創造順序來鋪陳的，首先是光，接著是穹蒼和海洋，然後是陸地、動物和人類。

按照這個順序，自然而然就會進入到第四節經文所說的「祢用風作祢的使者，用火燄作祢的僕役」——這兩句經常被認為是在描述天使，而〈希伯來書〉一章七節也引用了這個寫法。緊接著，在提及天使的第四節經文之後，到了第五節，這首讚美詩才第一次提到地球：「祢把大地堅立在根基上。」

我的朋友、也是我們教會的教友，同時也是創造論的科學家亨利．莫里斯博士（Henry Morris）說，他相信天使是在創世的第二天受造的。他引用〈詩篇〉一〇四篇與其意涵，指出天使出現的時間點，是緊接在「時空宇宙被創造出來，以及神榮耀光輝的寶座建立在其中」之後。因此，天使很有可能比我們所看到世上的任何東西都老。

從那時候起，神有再造出更多天使嗎？我從聖經中找不出任何證據來支持這一點。還有，他們的數目顯然也沒有減少（除了遭到驅逐的墮落天使，我們會在後面詳述）。他們的數目也從未增加，因為天使不會生育——根據耶穌的說法，天使不會結婚（馬太福音22:30；馬可福音12:25；路加福音20:34-36）。直到今天，天使的數目一如既往。

天使的數量

那麼，到底有多少天使？

聖經沒有提到具體數字，但有許多證據顯示，他們數量龐大。

在那個極度痛苦的夜晚，當一個天使前來服侍在客西馬尼園禱告的神子時，耶穌必須出面阻止門徒抵抗前來逮捕祂的士兵。耶穌警告祂的門徒說：「你以為我不能求我的父，祂就馬上給我派十二營以上的天使下來嗎？」（馬太福音26:53）這個數字足夠給耶穌的每個門徒一個軍團的隨身保鑣。一個典型的羅馬軍團人數從三千人到六千人不等，後備部隊的數字也相當。所以，耶穌腦海中浮現的萬軍，總數高達十四萬四千個天軍。

在〈希伯來書〉十二章二十二節所描述的威嚴永恆景象裡，我們被告知我們「來到了**千萬**天使的盛會面前」。在各種英文版聖經譯本裡，這個盛會被形容為「**數不清**的天使的歡欣聚會」、「**難以計數**的天使聚集歡慶」或是「**數百萬計**的天使聚集歡宴」。我們再次看到希臘文「無數」（myriad）一字的各種譯法，我們在前面章節看過這個字，它具有一萬或數量龐大的意思。

在〈詩篇〉六十八篇十七節，當大衛說「神的車馬千千萬萬」時，他所想的可能是天使戰士。

但以理被擄到巴比倫期間，在他看見的異象中，有一次他看到神（他稱神為「萬古

常存者」）坐在發出火焰的寶座上，四周有天使圍繞：「事奉祂的有千千，侍立在祂面前的有萬萬。」（但以理書7:10）

相同的文字呼應著〈啟示錄〉五章十一節約翰所看見的神之寶座的異象：

> 我又觀看，聽見了千千萬萬天使的聲音，他們都在寶座……的四周。

就字面來分析，「萬萬」天使的數量是一億個天使。這個數量足以讓加州天使隊在安納海姆棒球場開打的每場主場比賽中，連續二十年都把場中的每個座位坐滿，而且每場的觀眾完全不重複。

在聖經中會使用這種數字措辭，很可能只是為了描述難以言傳的天使萬軍數量，他們的數量窮盡我們的眼力也無法看盡和數算。但這並不表示神不知道天使的實際數量。聖經說，祂連我們的頭髮都數算過了（馬太福音10:30）。祂也數算星星的數目，並一一叫出它們的名字（詩篇147:4），而且知道「連一個也不缺少」（以賽亞書40:26）。如果神連星星和我們的頭髮都算過了，祂當然也清點了天使的數量。

有一定比例的天使變成墮落天使，跟隨撒但。有些聖經學者據此推測，天上每處因為墮落天使離開而空出的地方，都將被得到救恩的人類永久補滿，所以，天堂的總人口會回到天使起初被造時的原始數字。

天使屬於天上

天使——好天使——一定把神所在的天堂稱為他們的家。關於這一點，在〈四福音書〉和〈啟示錄〉裡尤其明顯。在耶穌於客西馬尼園禱告時，聖經就如此形容那位前來服侍的天使：「有一位天使**從天上**顯現。」（路加福音22:43）三天後，有一位天使「**從天上下來**」，把墓穴口的石頭推開（馬太福音28:2）。耶穌自己也常常提到「**天上**的使者」（馬太福音18:10, 22:30, 24:36）。來宣告耶穌誕生的眾天使則被稱為「一大隊**天兵**」（路加福音2:13），當他們離開牧羊人時，就「升**天**去了」（2:15）。

天堂是天使的居所，因為他們獨屬於神。天堂的最佳定義就是：神的居所。在〈以賽亞書〉六十六章一節中，神說「**天是我的座位**」，那裡就是天使工作和生活的地方。如果你喜歡把天使想像成總是懶洋洋地躺臥在鬆軟的雲上，或是在不同的星際之間漫遊，你就錯過了一個重要的真理。他們以神的寶座為居所，因為他們屬於神。

耶穌則具體地提到他們為**神的**使者（路加福音12:8-9, 15:10）。耶穌承諾門徒，當他們看見「天開了」，就會看見「**神的**使者」上去下來在耶穌身上（約翰福音1:51）。

因為耶穌是神，祂也曾提及天使屬於祂，尤其在耶穌提到祂將會帶著祂的審判再回到人間時（馬太福音13:41, 16:27, 24:31）。

聖潔天使——好天使——只屬於聖經裡的神，當然也屬於祂的天堂。他們不屬於地上、任何世俗宗教或哲學。

天使是屬靈的存在

曾有人問我：「你知道為什麼天使會飛嗎？」我說：「我不知道。為什麼？」他回答說：「因為他們看輕自己。」

從某方面來說，他是對的。天使是靈，所以四處移動時，永遠不會受物質肉體的拖累。聖經特別稱他們為「服役的**靈**」（希伯來書 1:14）。

所以，每個天使都是**靈**，但這究竟是什麼意思呢？

陶恕如此定義「靈」這個字：

> 靈意謂存在於一個更高層次的空間，是超脫有形物質的；它意謂生命以另外一種模式存在。靈是一種在空間中沒有重量、沒有維度、沒有大小，也沒有延展性的非物質實體。這些屬於有形物質的特質，不能套用在靈身上。然而，靈有真實的生命，而且客觀來說，靈確實存在。

天使是真實的存在，但不具有我們所想的那種有形物質肉體。他們顯然沒有肉身，沒有呼吸或血液。如果他們擁有某種形式的永恆身體，那會是靈體——或許就像我們以後有一天會在永恆中所擁有的那種身體（哥林多前書15:44）。如同我們在前面所看到的，耶穌說天使不嫁娶，當然也就不會生育。

你我也是屬靈的存在，但不像天使，我們有形有體。遺憾的是，在地上，我們的肉體本性經常會蒙蔽我們的靈性。

一定是他們的屬靈本質和聖潔，使得天使得以持續接近神，進而能像神。耶穌說：「神是靈，敬拜祂的必須靠著聖靈按著真理敬拜祂。」（約翰福音4:24）

天使是有限的存在

但我們不能因此假定，天使的屬靈本質與神的屬靈本質完全一樣。甚至有神學家說，雖然相較於人類，天使不具備有形的物質身體，但比起神，又確實具備有形的物質身體，因為神的自我存在靈性比天使的層次更高。這讓環繞天使的謎團再添一樁。

在天使的靈性中，有許多神從未擁有的限制。舉例而言，天使無法同時出現在不同的地方，不像神可以同時出現在每一個地方。只有神的行蹤不受限制；神無處不在。大衛在〈詩篇〉一三九篇滿心敬畏地向神承認，無論他往哪裡去，或是想像他在何處，「**祢**也在那裡」。

天使也受限於知識。耶穌曾說天使不知道祂再次降臨人世的時間，甚至當耶穌還在地上的時候，連祂自己都不知道（馬太福音24:36、馬可福音13:32）。但神在天上永遠了然於心，祂「從起初就宣告末後的事」，並將自己的計畫告知給祂所揀選的人（以賽亞書46:10）。祂是無所不知、**全知**的神。

天使也受限於能力，雖然他們擁有令人驚嘆的大能。在〈啟示錄〉七章一節裡，我們看到區區四個天使如何站穩在地的四角，阻止毀滅性颶風橫掃全地。有三次約翰在〈啟示錄〉裡說，他看見一位「**大力的**天使」。有一位出現在十八章二十一節裡，他「把一塊好像大磨石一樣的石頭，舉起來拋在海裡」。

天使釋放大災禍和狂暴力量的能力，在〈啟示錄〉中當基督打開七印時，格外顯著。如果你聽見有人拒絕相信這幕毀滅性畫面，因為這不符合耶穌所教導的和平、溫柔和愛時，告訴他們：正是打開這七個封印的這位耶穌，總是被描述為「羔羊」。喜歡溫馴柔弱天使的人通常也在尋找一個溫馴柔弱的神。但那從來不是神的行事風格，祂的天上僕人也不是。

儘管天使大有能力，但卻沒有神的全能。他們沒有自己的力量，沒有神，他們就毫無能力。他們只能施展神分賜給他們的能力。他們在神的允許下運作，陶恕小心翼翼說道：

> 神授予權能給祂的受造物，但祂是自給自足、一無所缺的神，祂不會將自己的完善

與完美分出絲毫，權能是其一，祂永遠不會交出自己的權能分毫。祂給予但不是贈與。凡神給出去的，祂自己仍保留完整，而且全都會再歸回到神。我們的主始終不變，始終是那位全能神。

當耶穌站在彼拉多面前，等待宣判被釘十字架時，祂告訴這位地方首長，說：「如果不是從天上給你權柄，你就無權辦我。」（約翰福音19:11）這不僅適用於人，也適用於天使。若不是從天上賜下的，天使就沒有權柄。而神給他們的權柄是有限的。

天使也會面臨搏鬥或爭戰。向但以理說話的天使就提到，他在來的途中，顯然遭到一個魔君的「抵擋」，並說天使米迦勒「來幫助我」。這名天使顯然需要天使長米迦勒的幫助，來戰勝阻止他的邪惡力量。

神，單單神自己，就是全能的。天使加百列說得最好：「因為在神**沒有**一**件事**是不可能的。」（路加福音1:37）

另外一個謎團是，天使的聖潔一樣有限，也少於神。怎麼會呢？關於這點，我們從這個事實就能看出——有天使失去了與生俱來的良善而墮落，跟從撒但。但神永遠是聖潔、無瑕疵的，也是公平、公義和慈愛的。神擁有無限的良善。「你們要親自體驗，就知道耶和華是美善的。」（詩篇34:8）耶穌告訴我們：「正如你們的天父是完全的。」（馬太福音5:48）

在〈啟示錄〉第五章裡，有一幕充滿戲劇性的場景，我們可以由此窺出天使在權柄和聖潔上的局限。天使在神寶座的周圍環繞，場面輝煌壯麗。神右手拿著裡外都寫著字的書卷，用七印嚴密封實。「一位大力的天使」大聲說：「有誰配展開那書卷，揭開那七印呢？」

在眾多威嚴的天使中，理當有一位配得這份任務，但「**在天上、地上、地底下**，沒有能展開、能觀看那書卷的」。唯有羔羊——耶穌基督——配開那書卷。天使沒有比你或我，或是地獄住民更配得這份尊榮，來揭開七印。

第一種屬性——像風

在聖經裡，天使被描述成像「風」和像「火焰」（詩篇104:4；希伯來書1:7）。風與火或許是最能幫助我們想像天使的屬靈成分的地上事物。

風這個字會讓我們想到天使的屬靈本質。在希伯來文和希臘文裡，「靈」（spirit）這個字也有「氣息」或「風」的意思。即使用「風」來翻譯聖經原文中所描述的某些微風或暴風現象，也很容易讓人聯想到天使或許與此有關。有時候這種關聯性明顯可見，例如大衛在〈詩篇〉十八篇提到神差派天使（被稱為基路伯）拯救他：

祂使天下垂，親自降臨；在祂的腳下黑雲密布。祂乘著基路伯飛行，藉著風•的翅膀急飛。

大衛看到風和天使一起。

一千年後，耶穌告訴尼哥底母（尼苛德摩）：「**風**隨意而吹，你聽見它的響聲，卻不知道它從哪裡來，往哪裡去。」（約翰福音3:8）

耶穌接著說：「凡從聖靈生的，也是這樣。」我們或許還可以接著說：「對天使也是如此。」因為天使已經是靈，對神十分敏銳（至少就這方面來說），當我們重生得救的時候，也會變得像天使一樣對神敏銳。

舊約有許多處經文提到，在神的審判來臨的那一天，會有颶風出現。這些經文預言了新約〈啟示錄〉裡的審判描述，天使活躍於〈啟示錄〉裡，實現神對世界的審判。還記得我們在前文曾看見天使在神的審判中所展現的大能有多麼驚人嗎？在下列經文中，請仔細思考天使的能力，並看看你是否可以想像神差派天使來執行這股「大風」：

● 你呼求的時候，讓你所收集的偶像拯救你吧！但一陣風•要把它們全都颳走，一口氣要把它們全部吹去。然而那投靠我的，必承受地土，得著我的聖山作產業。（以賽亞書57:13）

- 唉！許多民族在喧嘩……列國在咆哮……萬族怒號，好像眾水湧流，但神必斥責他們，使他們遠遠逃跑；他們又被追趕，如同山上風前的糠秕，又像暴風前的塵土捲動。在晚上有驚恐，未到早晨，他們就沒有了。（以賽亞書17:12-14）
- 耶和華必使埃及的海灣乾涸；祂要用熱風在大河（幼發拉底河）之上揮手。（以賽亞書11:15）
- 到那時，必有話對這人民和耶路撒冷說：「有一陣熱風從曠野光禿的高岡，颳向我的子民……這過強的風要為我颳來，我就要向他們宣告我的判詞。」（耶利米書4:11-12）
- 因此，主耶和華這樣說：「我要在我的烈怒中使狂風暴颳；在我的忿怒中有暴雨漫過；在烈怒中有大冰雹降下毀滅這牆。」（以西結書／厄則克耳13:13）

或許，有一個天使颳起暴風，使約拿（約納）落海進到一條大魚的嘴裡：「然而耶和華使海中起**大風**，海就狂風大作，甚至船幾乎破壞。」（約拿書1:4）

甚至有可能是聖靈吩咐天使在教會誕生的那一天，也就是五旬節，製造出巨大聲響，「有一陣好像**強風**吹過的響聲，**從天**而來」（使徒行傳2:2）。

我們不確定天使全都參與其中，但卻不難看出他們可以用什麼方式介入。

第二種屬性——像火

「火焰」是我們從〈詩篇〉一〇四篇和〈希伯來書〉第一章中，所得到的另一個天使形象。聖經中常以火焰來連結天使，頻率之多可能會讓你在和我們一起探索經文時，想要隨身攜帶一具滅火器。請留意天使之火以多少種不同的方式出現：

- 你會記住，基路伯天使如何拿著一把「旋轉發火燄的劍」，看守伊甸園的門戶。
- 後來，耶和華的使者「從荊棘叢裡的火燄中」向摩西顯現。（出埃及記3:2）
- 神的天使要求基甸（基德紅）準備一頭祭牲和無酵餅作為獻祭，然後將它們放在石頭上。當天使用手杖的杖頭碰觸獻祭物品時，「就有火從磐石中上來，把肉和無酵餅都燒盡了；耶和華的使者就從基甸的眼前消失了」。（士師記6:20-21）
- 有天使造訪瑪挪亞和妻子（參孫〔三松〕的父母），瑪挪亞也把準備好的獻祭物品放在石頭上，然後被火燒盡。「火燄從祭壇上往天升起的時候，耶和華的使者在祭壇上的火燄中也升上去了」。（士師記13:19-21）
- 以賽亞看見一個撒拉弗飛向他，「手裡拿著燒紅的炭」。（以賽亞書6:6）
- 以西結（厄則克耳）看到基路伯向他顯現，「樣子像燒著的火炭，又像火把。火在四活物中間到處閃耀。這火很明亮，有閃電從火中發出」。（以西結書1:13）

- 但以理在底格里斯河岸看到天使，整個人頓時變得癱軟無力，他看見他的臉「像閃電」，眼睛「像火把」。（但以理書10:4-6）
- 在約翰的異象裡，他看見一個天使「兩腳像火柱一樣」。（啟示錄10:1）
- 天上最忙碌的天使之一，或許是約翰在〈啟示錄〉十四章十八節所提到的那位——「又有一位天使從祭壇中出來，是**有權柄管火**的……」

那麼，天使是從哪兒拿到火的？

當然是從神那裡拿到的。「因為我們的神是**烈火**」（希伯來書12:29）。當摩西在西乃山上遇見神，「全山冒煙，因為耶和華在火中降臨到山上」（出埃及記19:18）。祂的烈火吸引我們的注意和聆聽：「我們的神來臨，決不緘默無聲；在祂面前**有火燃燒**。」（詩篇50:3）神曾允諾祂的子民要在耶路撒冷四周築起「**火城**」（撒迦利亞書／匝加利亞2:5）。我們期待著那日的到來，「主耶穌和祂有能力的天使從天上顯現**在火燄中**的時候」（帖撒羅尼迦後書1:7）。

我們常把火與地獄聯想在一起，認為火焰是魔鬼的工具。其實，是神和天使在地獄裡放火，神要把撒但與其追隨者全都丟進熊熊燃燒的「硫磺的火湖裡」（啟示錄20:10-15）。耶穌也提到「為魔鬼和牠的使者所預備的永火」（馬太福音25:41）。地獄裡的火不是撒但為人而設計的，乃是神為撒但預備的。

〈以賽亞書〉六十六章十五到十六節，讓我們很好地預覽了將要到來的烈火審判。這是聖經裡另一處提到可能是指天使的「戰車」，我們再次看到他們與風和火連結在一起：

看哪！耶和華必在火中降臨，祂的戰車好像旋風；祂要以猛烈的怒氣施行報應，用火燄施行斥責。因為耶和華必用火和刀劍，在所有的人身上施行審判，被耶和華所殺的人必定很多。

火是神的工具，並使其成為天使的屬性。

第三種屬性——像星辰

沒錯，天使是靈。但因為他們被稱為「火焰」，而且聖經中有時也會把天使和星辰連結在一起，所以，這一切是在暗示天使的本質最接近燃燒的天體——星辰——嗎？

這是我的朋友莫里斯所提出的一種可能性，他說：

這種觀念超出了我們對大自然的理解，但我們沒有理由貿然地將它拒於門外或屬靈化。我們不知道天使的性質。人類是由天然化學元素所構成，因此受制於控制這些元素的電磁力和重力。但天使不受這種限制。當神一吩咐他們，他們可以從神的寶座周圍火速飛到地球，他們不受重力或其他自然力的限制。

或許，神有其目的。今天，那些自稱看到天使的人經常如此形容所見：一道難以形容的、前所未見的璀燦光芒。

天使在聖經中當然常與亮光連結。天使在耶穌的墓穴口「穿著閃爍耀目的衣服／衣服放光」（路加福音24:4）。哥尼流則看到有一位身穿「光明衣服的人」站在他面前（使徒行傳10:30）。當天使臨到，帶領彼得出監獄時，「牢房裡就光芒四射」（使徒行傳12:7）。在〈啟示錄〉裡，我們讀到一名天使「臉像太陽」（10:1），以及七位天使穿著「清潔明亮的細麻衣」（15:6）。

天使這種特殊的閃耀發光外貌，顯然是撒但想方設法要仿造的特質。因為保羅告訴我們：「撒但自己也裝作**光明的**天使。」（哥林多後書11:14）但如同他們的火焰屬性一樣，他們發光的成因也一樣——可以確定的是，無論環繞天使的亮光是什麼，它一定是直接來自神的光。當天使向伯利恆的牧羊人顯現，宣告基督的誕生，「**主的榮光**四面照著他們，他們就非常害怕」（路加福音2:9）。是主的榮光在照耀，不是天使的。撒但永遠複製不了。只有神的聖潔天使是真正的「光明的天使」。

現在，讓我們言歸正傳，回到星辰上。我們來看聖經中幾處天使與星辰特別相關的經文。我們之前曾在〈約伯記〉三十八章七節看到，神提到祂在「立大地根基」時，天使在一旁觀看——

那時晨星一起歌唱，神的眾子也都歡呼……

如果這段經文是指創世第三天，那麼「晨星」就不會是我們在清澈夜空所看到的星星，因為它們直到第四天才被造。反之，此處的「星星」更像是天使的另一個正式名稱，他們歡欣高聲歌頌神的創造。

約翰則在他的異象中看到：

我就看見一顆星從天上落到地上，有無底坑的鑰匙賜給它。它開了無底坑，就有煙從坑裡冒出來，好像大火爐的煙。（啟示錄9:1-2）

這顆星一般被詮釋為是出現在〈啟示錄〉的另外一個天使，是神最後揭示祂對罪惡令人顫慄的憤怒審判中，服事天使中的一位。

在以色列與迦南（客納罕）人的戰爭中，在與敵軍將領西西拉（息色辣）交戰的這場戲劇性戰役中，以色列只靠著超自然力的介入，就贏得了戰爭（士師記4:15）。戰後，底波拉（德波辣）向神發出讚美的勝利之歌，其中有一句是：

眾星從天上爭戰，從它們的軌道與西西拉交戰。（5:20）

這或許暗示了天使戰士在這場戰役中挺身相助。那顆指引三位博士來到伯利恆的奇蹟之星，有可能就是天使，他忠心完成神的付託，引領新誕生君王的敬拜者來到伯利恆。

星辰、天使和我們

當大衛望著星空而聯想起天使時，很容易就想像出一幅寧靜畫面，化成〈詩篇〉。或許，他當時正躺臥在家鄉伯利恆附近一處山坡上，仰望清澄夜空（或許在一千年後，也是在同一處山坡上，牧羊人將會聽見有一位天使向他們報大喜的信息）。

當大衛仰望星空，靈感湧現，激發他寫下了一首新歌，日後將會收錄在〈詩篇〉第八篇。

一開始，大衛唱出對神的讚美，他想像神在眼睛看不到、甚至遠在星辰之外的極遠之處：

耶和華我們的主啊！祢的名在全地是多麼威嚴，祢把祢的榮美彰顯在天上。

大衛的聲音繼續在一條文字之河中響起，向神求問心中疑惑：

我觀看祢手所造的天，和祢所安放的月亮和星星。啊！人算什麼，祢竟記念他？世人算什麼，祢竟眷顧他？

即使凝望著地平線上滿天星斗閃爍，大衛心中思考的卻是人類。滿天星斗使他想到了天使——在他之上的天上生命就像星辰，而且沒有那麼遙不可及。

在下一節，他繼續唱出對人類的所思所想：

祢使祂比天使低微一點，卻賜給祂榮耀尊貴作冠冕。

想到崇高威嚴的神竟然會關愛人類，大衛深受震撼。因為大衛知道天使與人之間的相似性，更勝於天使與聖潔神以及人與聖潔神之間的相似處。

星辰、天使、寧靜的山坡、向神發出深沉求問——多麼美妙的意象，令人陶醉。清澈夜空可能是我們現在所能看到，最能展現眾天使猶如星辰排列環繞著神的寶座，敬拜讚美神的畫面之一。趕快趁某個夜晚走到戶外，抬頭仰望星空，當你被一些世俗的愁煩和困難壓得喘不過氣時，更要這樣做。

讓我們心懷感恩，接受神在〈以賽亞書〉四十章二十六節的邀請：「你們向天舉目吧！」並記住「是誰創造了這些萬象？」以及「是誰按著數目把萬象領出來，一一指名呼喚？」

你可能會回想起亞伯拉罕在〈創世記〉十五章的例子。就像你我常做的一樣，亞伯拉罕有所需要。他問神：「主耶和華啊……祢還能賜給我什麼呢？」（15:2）——這很像我們問神的問題：「神啊，祢要怎樣解決這個問題呢？」或是「主啊，祢什麼時候才會使我脫離這個困境？」我們尤其會問：「天父，祢什麼時候才會實現祢的承諾？」

神如此回應，祂領亞伯拉罕走到屋外，來到萬里無雲的星空下。神告訴亞伯拉罕，說：「你向天觀看，數點眾星，看你能不能把它們數得清楚。」

或許，這幅畫面告訴了我們該如何思考天使。就像我們數算不了天上繁星，我們也數算不完天使的數目（我們的望遠鏡愈強大，要數的星星數量愈多！）。

但我們可以像大衛一樣，把繁星點點的星空看作是這幅震撼人心的畫面，傳達了神對我們的關愛和關注。神的愛不僅透過祂所造的千千萬萬個天使來服事我們，也透過其他數以千萬計的方式。神的恩典是「恩上加恩」（約翰福音1:16）。

仰望星辰，深受震撼之後，把自己交託給神，倚靠祂，並留心神的賞賜，如同亞伯

拉罕所做的，「亞伯蘭（亞巴郎）信耶和華，耶和華就以此算為他的義了。」（創世記15:6）

所以，星辰是很好的天使提示物，但不止如此而已。

《啟示錄》以「約翰看見榮耀的耶穌基督」這個異象來揭開序幕。約翰看見耶穌手拿著一個東西：「祂的右手拿著**七星**」（1:16），這些星星是什麼東西？耶穌自己告訴我們：「你所看見在我右手中的七星……就是這樣：七星是七個教會的**使者**。」（1:20）

在接下來的幾頁，耶穌基督一一指名道出這「七個教會」，它們分散在小亞細亞七個基督徒分布的城市。這幾處經文的共同信息是：「你要寫信給在……教會的**使者**。」這七個被描述成七星的「天使」是誰？

最佳的解釋似乎是，他們是帶領和牧養這七個教會的牧師。他們受耶穌差派，把祂的話語忠實地傳達給七個教會的教友。他們是耶穌基督的信使和使節。

就此而言，我們也能比我們所想像的更像天使。因為主耶穌也差遣了我們，要將祂的神聖信息，也就是主的福音向世人傳揚。

就是神在基督裡使世人與祂自己和好，不再追究他們的過犯，並且把和好的道理託付了我們。因此，我們就是基督的使者，神藉著我們勸告世人。（哥林多後書5:19-20）

這是為什麼我們也能像星辰一樣，只要我們不讓自己發牢騷的自私行為阻礙了我們的見證。保羅如此說道：

做任何事都不要抱怨或爭論，好使你們成為無可指責、純潔無偽的人，在這扭曲、敗壞的世代中，做神毫無瑕疵的兒女；在這世代中，要像星星的光輝一樣照耀在世上。（腓立比書2:14-16）

如果你想要成為像天使一樣——甚至如星辰般閃耀發光，那麼請停止抱怨和爭論，讓神來形塑你成為神的話語的出口，可以忠心地以生命的靈糧來餵養人。這個世界是如此黑暗，亟需你的星光照耀。

下次，當你看到繁星點點的夜空時，想想天使……也想想你自己。

第6章

天使何時出現？

《根特祭壇畫：大天使》，艾克（Jan van Eyck）的作品，十五世紀。

目前還沒有任何方法可以算出，天使有多常介入你的生活。現在，你的身旁可能就有一位天使正在幫你翻閱本書（這對你我來說，是多麼大的榮幸！）。但我們無法確認，因為天使大都處於隱身、看不到的狀態。這似乎有些惱人，但葛培理牧師幫助我們對此有正確的認識：

即使天使自願變得可以被看見，但我們的眼睛構造是看不見他們的，如同我們也看不見原子內部的核力場構造，或是電流流經銅線。我們感知現實的能力有限：森林裡的鹿的嗅覺遠比人類敏銳。蝙蝠生來具有一種超強的感知雷達系統。有些動物在黑暗中能看到我們所看不到的事物。燕子和鵝擁有近似於超自然能力的精密引導系統。所以人類感知不到天使顯現的證據，有什麼好奇怪呢？

但在聖經裡，天使有時候會以人的樣貌顯現。基甸第一次就沒有認出站在他面前的人是天使（士師記6:12-13）。參孫的父親瑪挪亞（士師記13:16）也是如此——但他的妻子反應敏銳，「有一位神人到我這裡來，」她告訴丈夫：「他的容貌像神使者的容貌，非常可畏。」（13:6）

當天使來到所多瑪，要拯救羅得和他的家人時，羅得以為他們只是一般的普通人類而已，在問候過他們後，還親切地邀請他們去他家，不要在治安差的所多瑪街道逗留，並請他們到家裡洗洗腳、住一夜（創世記19:1-3）。

在拯救羅得之前，他們已經先造訪過他那位大名鼎鼎的伯父。「那時，是一天中最熱的時候，亞伯拉罕正坐在帳棚門口，」這處經文如此告訴我們：「他舉目觀看，忽然看見三個**人**在他對面站著。」（創世記18:1-2）亞伯拉罕也親切地招待眼前幾位客人，他起初也以為他們是人類，他們在洗過腳後，吃了撒拉煮的食物。但亞伯拉罕這位大有信心之人，似乎比羅得更快、更敏銳地察覺到主耶和華顯現在這幾個「人」身上。

新約也暗示了，我們今天仍有可能接待到以人的面貌出現的天使訪客。還記得〈希伯來書〉十三章二節那段相關的經文嗎：「不要忘了用愛心接待人，有人就是這樣作，在無意中就款待了天使。」如果你真的相信有天使，就會樂於款待他們（也許用肢體語言感謝他們為你所做的一切），所以，請認真考慮改進你接待陌生人時的態度。

我們要回到永恆天家後才會知道，他們當中有誰是天使，但只是有這樣的可能性就令人感到興奮了。（還有一個更強烈的動機鼓勵我們慷慨接待陌生人，耶穌在〈馬太福音〉二十五章三十五節就說了：「我作旅客，你們接待我。」如果我們看重並服事陌生人，主就會把它算作是做在**祂身上**。）

比起以這種真假莫辨的方式出現，在聖經中，天使更常以真實面貌顯現，不會讓人做出誤判。

雅各確信天使曾向他顯現。他在返回祖父亞伯拉罕和父親以撒（依撒格）生根落腳的故鄉途中，「神的眾使者遇見他」（創世記32:1）。雅各遇見天使有什麼樣的反應？他大喊說：「這是神的軍隊。」（32:2）雅各之後還是要與神摔跤，但他的感知是對的。他知道神與他同在。

但以理甚至更加確信他的所見。他在〈但以理書〉第十章提到了他在河岸邊，看到了一個令他敬畏不已的身影，這段敘述，堪稱是聖經中對於「天使顯現」描述得最為詳盡的經文。留意但以理有多麼觀察入微：

我舉目觀看，看見有一個人身穿細麻衣，腰束烏法純金的帶。他的身像碧玉，面貌像閃電的樣子，眼睛像火把，手臂和腿像擦亮的銅那麼閃耀，說話的聲音像群眾喊叫的聲音。（10:5-6）

你可以看出，但以理不是匆匆瞥見天使，難怪他會渾身虛脫。「我看見了這大異象，就全身無力，臉色大變，一點力氣都沒有。」他如此說道（10:8）。只是瞇著眼睛看這異象就會讓人頭暈目眩了。

我們已經看了其他許多聖經經文，描述天使以各種不同程度的亮光、火和榮耀的面貌顯現。但天使還有另外一種璀璨外表，值得一看。舉例來說，請留意耶穌復活升天後，聖經所記載的天使服裝顏色：那位把封住耶穌墓穴口的石頭推開的天使，他的外表

「好像閃電，衣服潔白如雪」（馬太福音28:3）。有幾個婦女前來墓地，聖經如此描述他們所看到的天使，「一位身穿白袍的青年」（馬可福音16:5），以及「兩個身穿白衣的天使」（約翰福音20:12），還有「有兩個人，穿著閃爍耀目的衣服」（路加福音24:4）。

四十天後，當耶穌升天時，天使來到地上向門徒顯現，「有兩個人，身穿白衣」（使徒行傳1:10）。幾年後，約翰看到了他稱之為長老的敬拜天使，他們「身穿白衣，頭戴金冠」（啟示錄4:4）。

白色在聖經中不僅意謂聖潔無瑕，也表示歡欣快樂。「你只管快快樂樂地去吃你的飯，懷著高興的心去喝你的酒，」〈傳道書〉（訓道篇）九章七到八節如此建議我們：「因為神已經悅納你所作的。你當**經常穿著白色的衣袍**，頭上也不要缺少膏油。」

在〈啟示錄〉第七章裡，描述了神對其子民預言成真、令人振奮的好消息。約翰在異象中看到，有數不清的人從世界各國、各族、各民前來，站在神的寶座前，他們「**身穿白袍**，手裡拿著棕樹枝」。

天使也加入他們的行列，一起歡欣快樂地讚美神。然後，其中一位身穿白衣的長老告訴約翰，這些在神寶座前敬拜神的人類，「他們用羊羔的血，把自己的衣袍洗**潔白**了」（7:14）。

這批身穿白衣的龐大人群可以放心，神必賜給他們喜樂，因為這位長老承諾約翰，「神也必抹去他們的一切眼淚」（7:17）。

我們在描繪主耶穌與伴隨祂的天使大軍贏得最後勝利的景象時，這種潔白還會更加耀眼奪目。請與約翰共賞這一幕：

> 我觀看，見天開了。有一匹白馬，那騎馬的稱為「忠信」和「真實」；祂按著公義審判和作戰。祂的眼睛好像火燄，頭上戴著許多皇冠，祂身上寫著一個名字，這名字除了祂自己沒有人認識。祂身穿一件浸過血的衣服，祂的名字稱為「神的道」。天上的眾軍，……都騎著白馬，穿著潔白的細麻衣，跟隨著祂。（啟示錄 19:11-14）

等待我們的是潔白無瑕的大喜樂，我們會一起共享這場主與跟隨祂的天使大軍潔白無瑕的勝利。

打開被蒙蔽的眼睛

得以瞥見天使，不只取決於神當時恰好給了他們何種樣貌顯現。聖經也支持這個事實：在我們能看見天使之前，主一定會先打開我們的眼睛。

聖經也提到，有時候某個人看得到天使，但他旁邊的人卻看不到。但以理和朋友在底格里斯河畔的經歷就是個例子（但以理書第十章）。

還有一次，一頭驢子可以看到天使，但騎牠的主人卻看不到。牠就是巴蘭的驢子。在這個故事裡，一個更大的奇蹟不是一頭驢子會說話，而是像巴蘭這樣的人竟然會看到天使。

還記得這個故事嗎？巴蘭是國際知名的術士（可以說，他集魔法師與先知的身分於一身，是咒詛和祝福之王）。他是個「先見」（即先知），人們公認他能「見」人所不能見。如果說世界上有哪個人是眾望所歸可以看見天使，那就是巴蘭。

有一天，他被摩押（摩阿布）的國王巴勒（巴拉克）召去，要咒詛以色列。神立刻向他傳達對這件事的想法。祂命令巴蘭不得和摩押的使臣們同去，即使他們之前已經把國王的邀請面交給巴蘭。神說以色列是蒙福的，不是受咒詛的。

照理說，巴蘭應該就此收手才是。

但摩押國王再次發出邀請，這次派出「比先前更多、更尊貴的領袖去」（民數記22:15）。另外，國王把答應給巴蘭咒詛以色列的報酬再加碼，他說「我要厚厚地酬謝你」（22:17）。

因此，巴蘭說他還要再和神確認。一千五百年後，使徒彼得一針見血指出巴蘭的性格：「這巴蘭貪愛不義的工價。」（彼得後書2:15）

神計畫要透過巴蘭來完成的事，遠超過這位異教徒術士的理解。「去吧。」當夜，神讓巴蘭走了。這個嗜財如命的名流，將要學會在神面前謙卑。

太陽升起後，巴蘭便跨上驢背，啟程前往摩押謁見巴勒王。他根本不知道發烈怒的神跟著他同去。

神到底有多憤怒呢？

神憤怒到差派天使拿著出鞘的劍，堵在通往摩押的道路中央（那是一條窄路，兩邊沒有空隙可以繞開）。那頭驢子的反應就像人類看到這樣的景象一樣，嚇死了。牠想盡辦法要載著主人躲避眼前這個可怕的身影。

但是巴蘭這位全球知名的先見，卻未看到造訪他的客人。他留意到的是他的驢子的奇怪行為。巴蘭現在發火了，用手杖打驢子（在這個故事裡，誰才是愚蠢無知的人呢？）。

神現在要分兩步驟施行神蹟，使蒙蔽的被打開。每一個步驟對神而言，就像祂施行其他神蹟一樣，都是輕而易舉之事。

首先，祂讓驢子開口說話。巴蘭現在已經氣到神智不清，竟然開口跟驢子爭辯，說：「但願我手中有刀，現在就把你殺死。」（民數記22:29）

接著，神打開巴蘭的眼睛，讓他看見哪裡有一把劍，以及是誰拿著它。「他就看見耶和華的使者站在路上，手裡拿著拔出來的刀。」（22:31）

「那頭驢子，」天使告訴巴蘭：「剛救了你的命。」

猶如被人用劍抵住脖子一樣，巴蘭突然變得溫順起來。神讓他在異象中看見以色列人是深受神祝福的民族。巴蘭順服神的指示，把這些異象說給無比沮喪的國王巴勒聽。天使拔劍的身影一定始終縈繞在巴蘭的腦海中，隨時浮現。巴蘭沒有別的選擇。

不過，巴蘭對神的畏懼很快就消失得無影無蹤了。巴蘭和摩押國王眼見他們要用占卜來咒詛以色列的詭計無法得逞，就想辦法誘惑以色列人。耶穌在〈啟示錄〉二章十四節向約翰揭露了他們的罪行：「巴蘭引誘巴勒，教唆以色列人犯罪，吃祭過偶像的食物，又犯淫亂的行為。」這個卑鄙下流的故事詳見於〈民數記〉二十五章。

巴蘭聯合米甸（米德楊）人設法進一步計誘以色列人（民數記25:14-18），米甸是另外一支與以色列為敵的民族。這次巴蘭付出生命為代價。神命令祂的百姓征討米甸人來為神復仇。在〈民數記〉三十一章八節所列出的被殺名單中，前五大戰犯就是米甸的五個王。緊接著就出現這句經文：「又用刀殺了比珥（貝爾）的兒子巴蘭。」既然耶和華的使者的劍不能讓巴蘭徹底改過自新，那麼就用人的劍把他送入永恆的審判中。

除了這個故事外，在聖經中還有一個比較令人欣喜的故事，讓我們看見神打開了人的眼睛，因而可以看見天使。再次聽到這個故事，是何等喜樂。

在巴蘭的時代六百年後，以色列與亞蘭（即敘利亞）交戰。主的先知以利沙（厄里沙）擁有異能，可以得知亞蘭軍隊的機密。他立刻與以色列的國王分享他的發現。

亞蘭王認為必須防堵這個漏洞，於是派出一大隊人馬去捉拿以利沙。他們在多坍（多堂）城找到以利沙，趁著夜間帶領士兵、馬匹和戰車將他的住處團團包圍（列王記下6:8-14），滴水不漏，以利沙插翅也難飛。

隔天一大早，以利沙的僕人走到屋外，看見這幕可怕的景象。他趕緊向主人報告這個令他大驚失色的危險處境，大喊說：「我們該怎麼辦呢？」

以利沙告訴他不要害怕：「不要懼怕，因為和我們在一起的比和他們在一起的更多。」（6:16）

這位先知知道，他的僕人一定很難接受他竟然如此樂觀。畢竟，以色列在多坍沒有軍隊駐防。

所以，以利沙向神禱告說：「耶和華啊！請你打開他的眼睛，使他能看見。」神回應了他的禱告，「於是耶和華打開了僕人的眼睛，他就看見；看哪！那山上布滿了火馬火車，圍繞著以利沙」（6:17），那是**神的軍隊**——祂的天使大軍在山上。

本章剩下的經文就未再提到這位僕人。他一定是睜大眼睛，好奇地等著看接下來會發生什麼事。我們根據後來的發展結果來推測，以利沙和他的僕人應該是充滿信心，無所畏懼。天使並沒有加入戰鬥，因為亞蘭的士兵將以利沙圍困後，他便向神禱告神使他們的眼睛分辨不清。於是，以利沙帶領亞蘭的部隊來到距離撒瑪利亞（撒瑪黎雅）約十六公里遠的道路上，把他們交到以色列國王和軍隊手上。直到這時候，以利沙才向神禱告使亞蘭人的眼睛被打開。他們這才發現，不是以利沙而是他們自己淪為了階下囚。把勝利的榮耀歸給神。

看見這些天使一定說服了以利沙，使他深信，只要你站在神這一邊，敵軍的軍力從來都不構成真正的威脅。當以色列王徵詢他是否該把亞蘭的俘虜殺了，以利沙否決了，說：「給他們飲食，並放他們回鄉。」國王接受了以利沙的建議，設宴招待亞蘭士兵，然後遣返他們歸回故里。之後，至少有一段時間，亞蘭暫時休兵，停止與以色列交戰。

一個現代版的類似故事，記載於杜格・康納利（Doug Connelly）出版的《天使環繞》（*Angels Around Us*）一書中。故事發生在一九五〇年代初，一支在肯亞宣教的佈道團得知，當地的茅茅族戰士即將攻擊他們的宣教基地。為了保護家人的安全，男人架起帶刺鐵絲網，打開幾支泛光燈。他們配戴武器在基地四周站崗守衛，他們的妻兒則在裡面禱告。

他們等候著，但沒有任何攻擊發生。

幾個月後，一個受洗信主的茅茅族弟兄說出當晚事發經過。就在他和其他族人準備從四面八方攻擊宣教基地時，一大群火一般的人影從黑夜中出現。他們站在茅茅族戰士和宣教士中間，繞著鐵絲網疾走。茅茅族戰士被眼前景象驚嚇到，隨即如鳥獸散。

「這些傳教士可能沒有看到，」康納利寫道：「但神開了茅茅族戰士的眼睛，看到了平日不會看到的景象——神的聖潔天使大軍。」

有時候，當天使出現在人類衝突現場，神會打開雙方陣營的眼睛，讓他們看見神的天使在其中工作。霍珀・普萊絲（Hope Price）在《天使》（*Angels*）一書中，描述了第一次世界大戰期間，一個英國上尉所經歷的兩次無助絕望的處境。第一次發生在大戰初期法國蒙斯（Mons）附近，英國部隊在人數居於劣勢的情況下，已經奮戰了好幾天都不見緩和跡象。

英軍死傷慘重，槍枝也損失嚴重，戰敗看來是不可避免的。塞西爾．海沃德（Cecil W. Hayward）上尉就在現場，他說在槍林彈雨中，突然間，雙方都停止開火。英國部隊看見了讓他們大為驚異的景象，他們看到了「大概四、五個不可思議、體型遠比人類魁梧的身影」出現在他們和德軍之間。這些「人」沒有戴頭盔，身穿白袍，看起來像是飄浮在空中。他們背對英軍，朝德軍伸出手臂。

德國騎兵騎乘的馬匹受到驚嚇，紛紛拔腿奔逃、四處亂竄。

海沃德還提到了後來發生的另一場一戰戰役，英軍被德軍包圍，再次陷入無望的苦戰。敵軍的強大砲火突然停止攻擊，四下陷入詭異的靜寂中。

然後，「天空打開了，出現一道耀眼的光芒，飄浮的發光人影出現在英德兩軍的防線之間。」

德軍倉皇撤退，讓英國的軍隊有機會重整，並退守到離西邊更遠的防線。

當天被擄的德國戰俘被問到，他們明明已經把英軍團團包圍，為什麼還要棄械投降時，他們看起來一臉驚訝，說：「但你們有數不清的人啊！」

普萊絲在書中評論說，英國政府在一戰期間，宣布舉行全國禱告日。她相信英國政府動員全國齊心禱告，在天使為英國士兵介入戰役一事上起了關鍵性角色。

無疑地，在肯亞傳教士的故事中，最關鍵的事就是在茅茅族暴動的那晚，女人和兒童聚集在宣教中心裡，同心禱告。許多敬虔的聖經教師提醒我們，幾世紀以來，主確實會為了我們而回應某個人的禱告。這其中當然包括差派天使來拯救我們，並打開我們的眼睛看見天使。

在我們的周圍一定有許多天使介入人世活動，只是我們從來沒有注意到——但有時候，只要時機對了，神會挪去我們眼睛的蒙蔽，使我們可以親眼得見天使。

在夢中顯現

除了親眼目睹，天使也可以出現在我們夢中。雅各曾有兩次在人生的關鍵時刻，在夢中看見天使。他第一次看見他們出現在天梯上，當時他離家獨自一人睡在荒郊野外（創世記28）。許多年後，天使再次出現在他的夢中，神告訴雅各，現在是他返回故鄉的時候了（31:10-13）。

在新約中，馬利亞的丈夫約瑟在夢中看見天使向他顯現的次數，在整本聖經中拔得頭籌。約瑟的故事也是聖經中幾個最能充分體現順服神的例子。但約瑟並沒有因為他的超自然經歷，而染上天使狂熱症。

在研讀約瑟的故事時，讓我們問自己以下問題：我在順服神這件事上的表現如何？我順服到足以讓神信任我，確信我會遵從祂透過天使在我夢中所傳達的指示嗎？

請留意，約瑟在天使第一次進到他夢中的那個夜晚，他從天使所領受到的具體指示。

……主的使者就在夢中向他顯現，說：「大衛的子孫約瑟，只管放膽把你的妻子馬利亞迎娶過來，因為她懷的孕是從聖靈來的。她必生一個兒子，你要給祂起名叫耶穌，因為祂要把自己的子民從罪惡中拯救出來。」（馬太福音 **1:20-21**）

約瑟領受到了那是什麼事情、會怎麼發生，以及為什麼會發生。現在，為了你自己，請特別留意約瑟的回應何等全然順服。

約瑟睡醒了，就照著主的使者所吩咐的，把妻子迎娶過來；只是在孩子出生以前，並沒有與她同房。約瑟給孩子起名叫耶穌。（**1:24-25**）

約瑟已經向神證明了他自己。因此，神可以再次使用約瑟已經熟悉的相同管道，向他傳達指示。請密切注意，睿智的約瑟在離開伯利恆後，在夜晚從信使那裡所獲得的下

一個指示：

主的使者……在夢中向約瑟顯現，說：「起來，帶著孩子和他母親逃到埃及去，留在那裡，直到我再指示你，因為希律要尋找這孩子，把他殺掉。」（2:13）

再猜猜看約瑟會怎麼回應，並留意約瑟如何因為只是單純地順服神，就實現了舊約裡先知的預言。

約瑟就起來，連夜帶著孩子和他母親往埃及去，住在那裡，直到希律死了，為的是要應驗主藉先知所說的：「我從埃及召我的兒子出來。」（2:14-15）

第三次留心觀看這個過程……

希律死後，在埃及，主的使者……在夢中向約瑟顯現，說：「那些要殺害這孩子的人已經死了。起來，帶著孩子和他母親回以色列地去吧。」約瑟就起來，帶著小孩子和他母親回到以色列地。（2:19-21）

第四次，先知預言再次實現：

只是聽見亞基老（阿爾赫勞）接續他父親希律作了猶太王，他就不敢到猶太地去；又在夢中得了指示，於是往加利利境去，來到拿撒勒城住下，這樣就應驗了先知所說的：「祂必稱為拿撒勒人。」（2:22-23）

在這個最後場景裡，沒有提到天使出現在夢中。如果真有一位天使向約瑟顯現，顯然這並不重要到必須被記錄下來。對約瑟重要的事，對我們所有人也一樣重要，那就是：不論神是否透過天使把祂的旨意傳達給我們知道，我們都必須順服。

天使的聲音

了解天使與異夢有助我們明白，這些天上的屬靈存在，可以透過視覺以外的感官接觸我們。

有時候，人類只能感知到天使的聲音。這曾經發生在大衛與其軍隊身上（撒母耳記下5:22-25）。當時大衛看見在前方，敵人非利士（培肋舍特）人已經佔領了一處山谷，他就求問神該怎麼做。神告訴他不要採取正面攻擊，而是帶領軍隊繞道至一處茂密的桑樹林，從敵人後面攻擊他們。

主告訴大衛，他們來到這裡後，要留心聽天使戰士的聲音。

你一聽到桑林樹梢上有腳步的聲音，就要趕快行動，因為那時耶和華已經在你前面出去擊殺非利士人的軍隊了。

人類無法在樹梢上行軍，但天使可以。大衛照主的吩咐去行，結果他們贏了，這是大衛順服神而贏得一連串勝仗中的一次。

天使絕對知道怎麼製造巨大聲響。在〈啟示錄〉十章三節，大力的天使「大聲呼喊，好像獅子吼叫。他呼喊的時候，就有七雷發聲說話」。七個雷聲絕對不是喃喃低語。

在以賽亞看見的異象中，撒拉弗天使彼此呼應，說：「聖哉！聖哉！聖哉！萬軍之耶和華！」但他們不是在低聲咕噥著一句片語或是吟唱一首聖詩。「因呼叫者的聲音，門檻的根基震撼。」以賽亞說道。那是道道地地的震動，如假包換。

「怪哉，」艾朗賽（H. A. Ironside）如此論述這段經文：「沒有生命的柱子尚且因此而震動，然而人心卻依舊冥頑不靈，無動於衷！」阿們。

天使顯然有他們自己的屬靈語言，但在〈哥林多前書〉十三章清楚提到，人類一個簡單的付諸行動的愛的語言，在神的眼中，要比這些「天使的話」來得珍貴和動聽。

天使唱歌嗎？我們一般假設他們會，所以許多聖誕花車遊行的曲目就包含了人聲天使唱詩班的演唱。

但出人意表的是，聖經並未明確指出天使如我們所想的那樣經常唱歌。在〈路加福音〉第二章關於耶誕節起源故事的經文中，一些英譯本聖經和經文釋義都說，天使**頌唱**「願榮耀歸於至高之處的上帝！」，但希臘文原文就是簡單明瞭地表示，天使是「說」出這些頌詞的。相同的情況也出現在〈啟示錄〉五章十三節的一些英文翻譯上，「天上、地下，和地底下的生物，海裡的生物，宇宙中的萬有，都在**歌唱**」，一起頌讚神和羔羊。

一段比較明顯指出天使唱歌的經文，可能是我們稍早曾經看過的〈約伯記〉三十八章七節，「那時晨星一起**歌唱**，神的眾子也都歡呼。」此處被翻譯為「歌唱」的希伯來文原意，一般就是指歌唱。

但在聖經裡提到歌唱時，大多是指神的百姓在唱歌奏樂，而不是天使。

我的朋友，傑出的牧者克里斯維爾（W. A. Criswell）則提出了他自己的有趣研究心得，使我們想到了〈羅馬書〉八章二十二節：「被造的萬物直到現在都一同在痛苦呻吟。」他是這樣說的：

> 音樂是由大、小和弦構成的。小和弦訴說著墮落受造物的不幸、死亡和悲傷。大自然發出的嗚咽聲和呻吟聲主要是悲傷的小調。風吹過森林、暴風雨、風吹過住家四周的

聲音，總是發出哀鳴的小調。海洋在洶湧波濤和無語問蒼天的災難中發出嗚咽。甚至連夜鶯的啼唱，這種最悅耳的鳥鳴聲，也最悲傷。大自然的聲音絕大多數是小調。它反映了墮落受造物的不幸、傷害、憤怒和痛苦。

但天使對小和弦完全無知。天使不懂不幸、絕望、我們人類的迷失墮落……。最動聽的歌曲往往充滿最深沉的悲傷。不知為什麼，正是生活中的悲傷、失望與絕望，驅使人們歌唱，無論是處在人生的黑暗時刻或是獲得救贖的榮美時刻。這就是為什麼得到救恩之人會歌唱，而天使只能言說救贖。他們看見救贖、觀看救贖，但卻對它一無所知。因為救贖是給迷失的墮落人類的——他們已經被帶回到神面前，罪已得神赦免，已經蒙恩得救。救贖驅使著得救的靈魂歌唱！

相信天使會歌唱、也真的開口唱歌，並沒有問題，因為聖經雖未明白指出天使會唱出他們對神的讚美，但也沒有堅持他們**不會**。葛培理牧師說天使從不唱歌的這種想法「似乎極不可能」。他提醒我們，天使當然「擁有無可匹敵的頌讚絕活」，而音樂永遠是宇宙共通的頌讚語言。他也指出臨終信主之人的見證，他們說自己「聽見了來自天堂的樂聲」。

他下結論說：「我相信天使具備音樂才華來展現美妙天籟。」他也表示，「在天上，我們會被教導使用天堂的語言和音樂。」但他也指出：

在我們對天堂的音樂有清楚的了解之前，我們必須從人間的俗世音樂觀念中跳脫出來。我認為，相較於我們未來會聽到的天上音樂，那時絕大多數的俗世音樂對我們而言就成了「小和弦」。

天使是否開口唱歌的疑問，與我們身為人的天性和命運息息相關。現在該是我們來探討這個議題的時候了——了解天使與我們有多麼相像，又有多麼不同。

第7章
天使和我們的異同之處

《天使報喜》，傑拉德・大衛（Gerard David）的油畫作品，十六世紀。

截至目前為止，關於神的天使與你我在許多方面有多麼南轅北轍，顯出他們的不凡，我們已經看得夠多了。但有一個差異，猶如拔地而起的聳立高塔，格外醒目。這種極端的反差，已經撼動宇宙歷史的發展軌跡。在對我們和天使之間的相似處，以及我們未來會有多相似有充分了解之前，有必要先來了解我們和天使之間的差別。

這個差異就是：神的善良天使至今依舊是他們起初被造的樣式；你我則不然。

自從基路伯天使手持發出火焰的劍，劃過伊甸園的大門，神為我們所創造的那個喜樂生命便從此一去不復返。全人類已經失去了神起初造人的心意。罪充滿了所有人的生命，挾制著我們，落入到死亡與恐懼死亡的咒詛中。身為亞當和夏娃的後裔，我們在罪中孕育和誕生，注定難逃一死。隨著我們成長，我們所表現出來的種種自私和其他破壞性選擇，只是確認了我們果然就是罪人。

綜觀人類歷史，沒有一個人生父母養的兒女得以擺脫這個困境。對全人類而言，這是一個沒有出路的死局，無望解決。你我注定滅亡。

但另一方面——神差派祂的獨生愛子降生成為擁有血肉之軀的人類，把全人類的咒詛、死亡和毀滅都**歸在祂身上**。然後，神子復活升天，以其大能證明祂已完全得勝。

只要你我用信心緊緊抓住當中的真諦，也會從咒詛和罪的死亡枷鎖中復活。我們驚喜地站起，心中永遠充滿對神的感恩，並為無法言喻的喜悅所充滿。

那麼，天使怎麼看這件事呢？

使徒彼得告訴我們，天使對此好奇不已。而我認為，他們會永遠好奇下去。

天使對救贖充滿好奇

彼得在〈彼得前書〉第一章描述了我們的救贖、溫暖了我們的心後，他還說：「甚至天使也很想詳細察看這些事。」（1:12）「這些事」究竟是哪些事？天使不是比我們更了解我們的得救細節嗎？天使佔據制高點，確實比起在地上的我們對救贖有更全面的認識。

彼得的話對我們是一個很好的提醒，在基督徒的生命中，重要的是親身經歷，而不是頭腦裡的知識。天使理智上也就是「頭腦裡的知識」，當然知道我們的救贖。但他們無法**體會**救贖或親享救贖的盛宴。他們知道經驗遠勝於頭腦的理解，因此他們「也很想詳細察看這些事」。他們對於自己只有知識上的認識，一點都不覺得有什麼好驕傲的；反之，他們**渴望經歷**。

我們只要打開〈彼得前書〉一章一到十一節，就可以看到有多少事是天使永遠經歷不到的。

凡蒙揀選而在基督裡得救的人，已經「被耶穌基督的血灑過」（1:2）。天使永遠不會明白，這種基督以祂的寶血潔淨我們的救贖恩典。

神給了我們「重生」（1:3）。天使永遠體會不了生命重生後煥然一新的感覺。

重生得救乃是出於神對我們的「大憐憫」（1:3）。天使永遠不需要神的憐憫，因為他們從未犯罪。

神應允我們可以承受一份豐盛、不會朽壞、已為我們「存留在天上」的基業（1:4）＊。天使已經擁有屬於他們自己的屬靈福分。據我們所知，天上沒有為天使預留任何產業。他們看見在天上所儲備的各種豐盛基業，都是為我們預備的。

我們有一個「永活的盼望」（1:3）。我們的盼望就是我們相信「可以在耶穌基督顯現的時候，得著稱讚、榮耀和尊貴」（1:7）。天使不需要盼望，因為基督的榮耀對他們已經是當下的現實。

彼得告訴我們有關耶穌的這一點：「你們雖然沒有見過祂，卻愛祂。」（1:8）天使**確實**看見耶穌，他們當然也愛祂。但請告訴我：你覺得哪個更珍貴——是已經見過主而且真實愛主的人，或是仍在等待要第一次見主榮面，而且真實愛主的人？

彼得繼續深入這個議題。他告訴我們，你們「現在雖然不能看見祂，卻信祂」（1:8）。我們信祂。我們沒有其他選擇，因為我們看不到主，只能憑信心而行。但天使不需要信心。他們認識主是憑眼見，而不是憑信心。

彼得說，因為我們的信心，我們「就有無法形容、滿有榮耀的大喜樂」（1:8）。在聖經中，天使看起來對「滿有榮耀的大喜樂」知之甚詳。但你覺得哪個更令人讚嘆——是那些侍立在神寶座周圍者的喜樂，還是那些只能憑想像力去想像天堂可能的樣子，只憑信心便歡喜快樂的人？

彼得告訴我們更多。在我們「暫時」生活於地上的期間，必須忍受「各種試煉」，而這些試煉會讓我們受苦「難過」（1:6）。就我們所知，天使不會失去摯愛的人，不會不斷經歷悲傷和失落的試煉。

但我們所經歷的痛苦，都有一個更重要的目的，就是讓我們為諸般試煉而感恩：

> 是要叫你們的信心經過試驗，就比那被火煉過，仍會朽壞的金子更寶貴……（1:7）

你我都渴望擁有這種經過試驗的、對神的真實無偽的信心，不是嗎？我們現在就引頸期盼著那一天的到來，而能在那日大聲呼喊說：「看哪，那確實是真的！我選擇相信神是對的！我選擇相信神的話是正確的！」我們知道那一天就要來到。所以，現在就讓我們歡喜快樂，因為我們正在「得到我們信心的效果，就是靈魂得救」（1:9）。

難怪，彼得會加一句連天使也想要對救贖一探究竟。彼得說「甚至天使也很想詳細察看這些事」，在希臘原文中「詳細察看」是一個帶有強度的單字，形容一個人是「彎下

* 譯注：基業的希臘文為kleronomia，意思是因繼承而得的產業。所謂天上的基業，包括信徒在耶穌基督裡所得的各種屬靈恩典與福樂（以弗所書1:3），以及我們在神國中與神永遠同在所享受之各種榮耀與權利（啟示錄20:6; 22:5）。

腰去看」。那不是匆匆瞄一眼敷衍了事，而是刻意地湊近，詳細觀察分析——是審慎端詳和研究觀察。天使對我們的救贖想要做的就是如此。

在四福音書裡，這個動詞總計被使用了三次，就是在第一個復活節主日，有三個人彎腰察看耶穌空蕩蕩的墳墓：彼得本人（路加福音24:12）、使徒約翰（約翰福音20:15）和抹大拉的馬利亞（瑪利亞．瑪達肋納，約翰福音20:11）。你可以想像當這三個人探頭往墳墓內看去，原本預期會看到主的屍體，但現在裡面空無一物，心中一定滿是狐疑。

這或許暗示了另一幅景象：今天，天使希望在彎腰仔細察看那曾經空蕩、寒冷如墳墓的我們的靈時，能夠看到、感受到和經歷到，永活的基督如何藉著祂的聖靈內住在我們心中。

天使只能渴慕經歷這樣的恩典——但我們已經可以得到！

感謝神，祂擁有把我們從罪的挾制中得釋放的解答——一種可以把我們從咒詛和毀滅中徹底得釋放的解方。那個答案就是靠著基督得救。但唯有先經歷絕望，才能完全領會基督救恩的喜樂。

直到去年罹癌之前，我從未懷疑過自己能在地上活出一個充實、盡興的人生。然後，在我終於能夠面對死亡後，醫生告訴我，我的癌症在好轉中，我實在想不出還有比這個更令我興奮的好消息了。得救也是如此。如果我們沒有嘗過茫然無助的絕望滋味，我們永遠領悟不了得救的盼望。

我還記得那種夜晚躺在床上，憂心忡忡的感覺，我擔心著萬一我醒來時，卻發現自己置身在另一個地方，而不是原來睡覺時的房間，會發生什麼事情。然後，有一天我把自己完全交託給耶穌，相信祂是我的救主，並且知道我的罪已得赦免，我的憂慮也隨之煙消雲散。

神為了天使好，所以讓他們永遠不知道什麼是憂慮、沮喪和絕望。但他們也永遠不知道盼望所產生的驚人力量，可以在經歷無助絕望後出現。既然天使不會說「我知道茫然無助的感覺」，也就不會說「我知道被尋回的感覺」。他們無法體會那種被失敗和罪疚感的重擔壓得喘不過氣來，然後有一天聖靈在我們心中動工，讓我們發現耶穌已經來了，而且赦免了我們的一切過犯時，那種被巨大喜樂所淹沒的感覺。

現在，我的腦海浮現了兒時常聽到的一首很棒的詩歌。我記得小時候，只要父親牧養的教會有一些特殊服事和福音佈道會，我們就會唱這首詩歌〈天使高唱，聖哉，聖哉〉（Holy, Holy, Is What the Angels Sing）。這是小約翰遜．歐特曼（Johnson Oatman Jr.）牧師和約翰．史威尼（John R. Sweeney）於一九二四年創作的詩歌，副歌如下：

天使高唱，聖哉，聖哉。
我預期會助他們使天堂法庭鈴響。
但是當我唱出救贖之歌，

天使闔起翅膀，
救贖的喜樂，
天使永不知曉。

當主耶穌擦去我們的眼淚和心中汙穢，我們心中充滿喜樂。但無論天使多麼榮美、多麼威嚴，他們此時此刻也只能揣想我們的喜樂。

想到能比天使略勝一籌，感覺還不錯吧？獲得主耶穌的救恩，好得無與倫比！罪得赦免，好得無與倫比！

這充分闡明了為什麼天使渴望一探究竟我們得救的盼望。但還有一個更強而有力的理由。

天使為我們得救歡喜

看到天使所擁有的能力與光亮，而且始終與神親近，我們很容易就羨慕起他們。我們受到誘惑喜愛天使的生活勝於我們自己的生活。這讓我們好奇地想知道哪個更好：無罪且永遠不需要救贖，或是成為一個罪人，發現得救和罪得赦免的喜樂？

我的看法是，這些年來相關的探討已經非常多了，我們當然還可以一直就此爭論下去，沒完沒了，但結論不會有任何不同。我們生來就是墮落、迷失的人類，但卻揣想著從不犯罪的生活會是什麼樣子，實在荒唐可笑。我甚至沒得選擇不犯罪。

同樣地，天使也完全無法想像他們若處在我們的景況，那會是怎樣的光景。他們無法親身經歷得救的喜樂，但他們可以為**我們**得到救恩而歡欣快樂。

耶穌說：「我告訴你們，因為一個罪人悔改，**神的使者**也必這樣為他歡樂。」（路加福音15:10）只要地上有任何一個人承認自己需要救主，並做出正確的回應，天上就會開派對慶祝。

〈啟示錄〉五章九到十四節描述了一幕讓人深感敬畏的場面，天使為我們的得救歡喜快樂，並清楚指出他們歡天喜地的最深層理由。在這處經文裡，「二十四位長老」頌讚基督配得打開書卷，揭開上面的七印，這書卷只有基督能開。這些天使大聲頌讚基督：「因為**祢曾被殺**，**曾用祢的血**，從各支派、各方言、各民族、各邦國，把人買了來歸給神。」

突然間，他們的敬拜有「千千萬萬天使的聲音」加入。這個龐大的天使合唱團「大聲」唱出他們的頌讚：

……被殺的羊羔是配得權能、豐富、智慧、力量、尊貴、榮耀、頌讚的！

在此，天使在天上（那裡一直是天使的家）的頌讚焦點是：原本不配進到神的神聖天堂的人，**都藉著被殺神子的寶血**得以進入。

基督的犧牲一定讓天使震驚不已。在浩瀚永恆裡的天軍之主，怎麼會被殺呢？在神的無限裡，怎麼可能會有什麼充分的理由讓神先是取了肉身，更不用說被刺流血，然後死在邪惡的悖逆者手中？

我可以想像天使的想法：「如果人類的救贖和拯救值得主**如此看重**——如果它值得永恆神子純潔無罪的寶血——那麼，我們就有必要永恆地關注人類的救贖，持續不輟地思索其中的奧妙。」

讓我們來思考：天使能夠為他們完全無法理解和經歷之事歡欣快樂，這對我們是多麼棒的一個榜樣！如果連無緣經歷而無法體會救贖之樂的天使，都能為此而歡欣鼓舞——那麼，我們這些蒙主拯救的人，又該多常歡喜快樂！

當然，在基督徒的生命中確實還有許多深井，尚待我們去挖掘深入，也還有許多奧祕是我們所不了解的。但我們難道不能帶著喜樂的心放手去做，並為神一切的豐盛來獻上我們的敬拜嗎？因為神配得，即使我們尚未得到神一切的豐盛。

這是我們可以從天使身上學到的事情。

我們現在已經對人類和天使之間的一些重大差異，有了充分了解，接下來，就讓我們更多地聚焦在彼此的相似處上。

天使是神的僕人，我們也一樣

聖經直接指出我們至少有三方面與天使相似。它們全都指向我們的永恆未來，我們會在那裡享受與天使同在的生活。

當使徒約翰要向一位天使俯伏敬拜時，這位天使回答的重點（他有先告訴約翰：「千萬不可以這樣！」）卻是放在他和約翰有多麼相像。首先是：

但他對我說：「……我和你，以及你那些為耶穌作見證的弟兄，都是同作僕人的。」（啟示錄19:10）

接下來：

他對我說：「……我和你，以及你的弟兄眾先知，還有那些遵守這書上的話的人，都是同作僕人的。」（22:9）

天使是神的僕人，就像約翰和先知是神的僕人，就像我們所有人為神作見證時，我們都是神的僕人。

在聖經中，「僕人」是那些跟隨主的人最普遍使用的稱呼，尤其是面對我們更樂於稱他們為「領袖」的人。使徒不以虛浮的頭銜為裝飾。他們最喜歡用來描述自己的稱謂，就是神的「僕人」。保羅、彼得、雅各、猶大（猶達）和約翰本人都使用僕人來稱呼自己（只要檢視羅馬書、彼得後書、雅各書、猶大書和啟示錄的開場白，就能看出）。

同樣地，在舊約裡，摩西、約書亞、撒母耳、大衛和以利亞都被稱為神的僕人（出埃及記14:31、約書亞記24:29、撒母耳記上3:10、撒母耳記下3:18、列王記下9:36）。

你在神家的位置「愈高」，愈是被神呼召來服事眾人。即使你在今生爬上了等同天使的地位，你依舊只是神的僕人，理當善盡對神的職責。天使也是僕人——他們「都是服役的靈」。

保羅曾讚揚加拉太（迦拉達）人，像天使般接待他：「（你們）反而接納我，好像神的天使，」他說，「也好像基督耶穌。」（加拉太書4:14）加拉太人也許並未懷著敬畏之心向保羅俯伏敬拜；比較可能的情況是，加拉太人對於保羅服事他們，表達由衷的感激和敬重之情，就如同天使和基督曾經親自服事他們一樣。

但服事不僅只是領袖和天使的責任而已。「總要憑著愛心互相服事。」保羅如此告訴我們所有人。當我們來到天上，我們都希望聽到主開口稱讚我們，說：「做得好，良善又忠心的僕人！」所以，我們現在就當服事別人如同服事神一樣，因為耶穌已經為我們立了榜樣。「如果有人服事我，就應當跟從我；」耶穌如此告訴我們：「我在哪裡，服事我

的人也會在哪裡。」（約翰福音12:26）

能夠服事神是我們的榮幸，而且會持續到永恆。約翰在異象中看到你我的未來：凡是被羔羊寶血洗淨的人，「他們可以在神的寶座前，並且日夜在祂的聖所裡事奉祂」（啟示錄7:15）。當新耶路撒冷城降臨，「城裡有神和羊羔的寶座，**祂的僕人都要事奉祂**」（22:3）。

我們的靈命若要長大成熟，現在就要學習及喜愛事奉神，而且我們會愈來愈享受在服事神的甘甜中。

天使不朽，我們也一樣

耶穌提到了另外兩方面，是我們未來在永恆中會與天使一樣的。

首先，我們不會像現在一樣會經歷結婚。耶穌說：「因為人從死裡復活以後，也不娶，也不嫁，而是像天上的天使一樣。」（馬可福音12:25）我們在天上與基督完美結合所經歷的喜樂與滿足，將遠勝於我們所知在婚姻中所帶來的滿足。人類的婚姻終究只是短暫反映了一個永恆的現實——也就是基督與祂的新娘（教會）的關係（以弗所書5:25-32）。我們未來在天上所嘗到的喜樂，將遠遠超過我們在今世的快樂。

再來，我們未來會像天使一樣，不再經歷死亡。耶穌在〈路加福音〉二十章三十六節說，凡從死裡復活進到永恆的人，「他們和天使一樣，不能再死」。天使是靈，不知道什麼是生老病死。有一天，我們也會超脫這種種惱人的痛苦。

神的天使被稱為「蒙揀選」的天使（提摩太前書5:21），意指神揀選他們在祂的天國永遠存活。基督徒也被稱為「蒙揀選」的（提摩太後書2:10）。天使將會受神差派「把祂的選民從四方，從天這邊到天那邊都招聚來」（馬太福音24:31），神揀選我們乃是為了讓我們得到永恆的生命。我們將會和天使共同享有神國永久公民的身分。

我們和天使的不同，在於我們待在地上俗世的原因和過程。狄卡生（C. F. Dickason）闡釋：天使蒙揀選，是要得到「堅忍」；而基督徒蒙揀選，是要得到「救贖」。他說好天使沒有落入到撒但的背叛中，「持守聖潔」。他們不會犯罪，如同我們將會活在永恆中。但我們會進到天堂的唯一原因，就是基督的寶血洗淨了我們的罪。神所賜給天使的「堅忍」和「持守聖潔」有助我們確信，我們在天堂裡也會從「肉體的犯罪」挾制中得到釋放，獲得真正的自由。

天使永遠不會變老，但天使的不朽不是像基督的那種不朽。他們的不朽就和我們的一樣：他們只是神的受造物，被賦予在天上永恆的生命（而且永遠不會失去生命）。即使在永恆中，在永恆的神面前，我們和天使永遠達不到神的層次。艾利克森從人的觀點來闡明這一點：

我們即使蒙恩得救，得到榮耀，我們仍然是重生的人類。我們永遠不會成為神。祂將永遠是神，而我們也將永遠是人類……得救的意義包含了恢復神起初按其心意想要把我們造成的樣式，而不是把我們提升為祂的樣式。

從天使的觀點來看，也會得出相同的結論。天使永遠只是天使，而神永遠是神。

因為天使永遠不死，我們將來在天上看到的天使，就是我們在聖經裡讀到的天使。想到能看到加百列和米迦勒，也就是為但以理封住了獅子的口、把封住耶穌墓穴口的大石頭輥開，以及把彼得從監牢救出……等等事蹟的兩位天使，就令人無比興奮又激動，不是嗎？

即使在今天，我們只要想一想就會知道，相同的那些天使現在也在我們身邊，隱身繼續服事我們。

天使有個性，我們也一樣

既然耶穌指出了我們在天上的生活，將會在某些實質面上與天使類似，這成了一個很好的指示信號，促使我們去思考與天使的其他相似點。

最合理的假設就是我們同樣身為屬靈的存在，在天上我們仍會有我們的個性，如同天使一樣。而且比起現在，我們會對自己的個性更有感也更滿意。我們永遠不用擔心我們在天上會淪為無話可說或無事可做的壁花——這當然不是用來形容天使。

你是否體察到天使的個性有多麼強勢？留意聆聽一些天使講話的片段，並問問你自己：它們聽起來像是流浪漢遲鈍的講話，或者像是有智慧、有目的、堅定的行動導向者？你從天使的話語中，對他們的心智和溝通能力了解多少？

- 「我所要指示你的，你都要用眼看，用耳聽，並要放在心上，因為我帶你到這裡來，為的是要指示你。」（以西結書40:4）
- 「現在我來，要使你有智慧，有聰明。」（但以理書9:22）
- 「我來是要使你明白日後所要發生在你的同胞身上的事，因為這異象是關於將來許多的年日的。」（但以理書10:14）
- 「我來是要把那記錄在真理書上的事告訴你。」（但以理書10:21）
- 「必有患難的時期，是立國以來直到那時未曾有過的……必有許多睡在塵土中的人醒過來，有的要得永生，有的要受羞辱，永遠被憎惡。」（但以理書12:1-2）
- 「我們已經在遍地巡邏；看見全地都安定，一片平靜。」（撒迦利亞書1:11）
- 「你妻子以利沙伯要給你生一個兒子……他必有以利亞的靈和能力，行在主的前面，叫父親的心轉向兒女，叫悖逆的轉向義人的意念，為主安排那預備好了的人

民。」（路加福音 1:13-17）

- 「我是站在神面前的加百列，奉差遣向你說話，報給你這好消息……因為你不信我的話，你必成為啞巴。」（路加福音 1:19-20）
- 「不要怕！看哪！我報給你們大喜的信息，是關於萬民的。」（路加福音 2:10）
- 「為什麼在死人中找活人呢？祂不在這裡，已經復活了。」（路加福音 24:5-6）
- 「必不再延遲了！……神向祂的僕人眾先知所宣告的奧祕，就要實現了。」（啟示錄 10:6-7）
- 「世上的國成了我們的主和祂所立的基督的國，祂要作王，直到永永遠遠！」（啟示錄 11:15）

這些說話的天使，當然對所說的事情有自己的判斷力。他們不僅有個性，也有優雅的**舉止與風格**——儘管他們的行事作風如此直來直往、公事公辦。我猜想，你我未來在天上的某些行事作風，也會與他們類似。

我們已經與天使同在天上

有天使時時環繞相伴的生活，的確令人興奮難抑。

但有一種觀點是，我們已經與天使同在一起。我的意思不是說他們就在「這裡」保護我們，而是我們已經「在天上」與他們在一起。

「等等，」疑問在你心中打轉，「這個作者在做白日夢嗎？」也許吧，但也沒那麼糟糕。跟我一起來看看這些經文。

保羅在〈以弗所書〉一章三節說：「祂在基督裡，以**天上**各樣屬靈的福氣祝福了我們。」保羅不是用未來式來表達。他不是說，神「**將會**」把這些福分賜給我們，而是已經「祝福了我們」。神已經在**天上**賜福給我們。

請留意在下一章裡保羅是怎麼說的，這使得這幅景象變得更加清晰：

又使我們在基督耶穌裡，與祂一同復活，一同坐在天上。(2:6)

保羅在這裡的用字，是已經發生的完成式。我們已經與基督一同復活，而且與祂同在天上（以及內住在基督裡）。事實上，我們已經在天上。

我知道你在想什麼：我們也許已經以一種象徵性或神祕難解的方式在天上，也就是藉由某種想像方式來消除未來、現在和過去之間的涇渭分明。不過，讓我們面對現實吧：我們的雙腳穩穩地踏在堅實的地面上，我們明早還有難爬的山要爬、有帳單要支付、還有難以吞嚥的藥丸要吞等等。這是現實，根本不是天堂。

但保羅不會輕易就讓我們脫身。他告訴我們，要全神貫注於天上各種「在基督裡的福分」：

所以，你們既然與基督一同復活，就應當尋求天上的事，那裡有基督坐在神的右邊。你們要思念的，是天上的事，不是地上的事。（歌羅西書3:1-2）

「天上的事」一定包含天使，因為他們是天堂住民。當我們的**心緒**尋求天上的事，我們的**心思**亦然。如此一來，我們就不會專注於地上的事，不是嗎？

為什麼保羅要給我們如此不切實際的教導呢？我認為，因為保羅知道只有一位可以真正滿足我們在地上的每一項需求，而祂就是天使日夜敬拜的那一位。我們的婚姻、孩子、朋友、事業、嗜好、週末、退休——沒有一個存在可以滿足我們生命中那些最深層的真實需求。唯有基督能滿足，祂就坐在父的寶座旁，在那裡為我們祈求，並在天使的見證下為我們預備了一個家。

保羅深知我們若不愛慕天上的基督，我們會經歷什麼樣令人失望的痛苦。即使我有無可挑剔的賢慧妻子、幸福美滿的家庭、堪稱滿意的工作，以及來自於神的其他許多恩賜，但我要老實說，它們絕對無法滿足我生活中的每項需求。

我認為，這就是為什麼保羅要我們定睛在天上，以度過一個心滿意足的人生。當你在地上的掙扎愈大，年歲愈長，愈會開始思索天上的生活。〈希伯來書〉作者這節令人驚嘆的描述，有助我們把「天上」的這個焦點具象化。他在這封書信的尾聲說：

你們卻是來到（不是「你們將要來到」——我們已經在那裡）錫安山和永活的神的城，就是天上的耶路撒冷；在那裡有千萬的天使（歡欣）聚集……

我們**現在**就來看這幅永恆圖像的片段。我們不僅已經來到「審判眾人的神」（12:23）和「新約的中保耶穌，還有祂所灑的血。這血所傳的信息比亞伯的血所傳的更美」（12:24）面前——也來到所有歡喜快樂的天使面前。

在我們內心深處，在我們思想的最深處，我們可以「現在」就在那裡。

天使正在觀看我們

透過上述的思考方式，有助我們了解天使在神的身邊正在觀看什麼。

使徒保羅提到使徒們「成了一台戲給宇宙觀看，就是給天使和世人觀看」（哥林多前書 4:9）。後來，保羅「在神和基督耶穌**以及蒙揀選的天使面前**」鄭重叮囑助手提摩太（提摩太前書5:21）。

保羅很確定他處在天使的視野中，似乎也很重視天使正在看著自己的這件事。我們應該理所當然地認為天使正在看著我們嗎？這件事對我們也一樣重要嗎？

在保羅看來，我們也當如此。舉例而言，當他告訴我們敬拜必須保持井然有序時，其中一個理由就是「為天使的緣故」（哥林多前書11:10）。天使本身就是敬拜的擁護者，他們當然會留意、觀看我們是如何敬拜的（你可能想起了下星期天早上要詩歌敬拜）。

保羅在〈以弗所書〉三章十節對天使的觀看，有更驚人的闡述。在這卷書信中，保羅觸及到了一個崇高的深奧議題，考驗我們的理解力。在第三章保羅提到，神正在啟示一個「在以前的世代」所不知道的「奧祕」。這個奧祕與基督的誕生有關，這個奧祕涵蓋了猶太人和外族人共同組成為神的聖潔百姓。為什麼神會突然揭示祂在此前一直向世人所隱藏的奧祕呢？

菲利浦（J. B. Phillips）牧師如此闡釋保羅的答案：

> 原因就是**全體天使的智慧**現在應該已經看出了神計畫中的玄機，祂透過教會來解決，這符合了神放在主基督耶穌裡的那個永恆目的。

神正在展現一件事情給天使看！也就是神在教會裡——在我們當中——展現祂的智

慧！我們就是舞台，神的最新製作在此表演給天上觀眾欣賞。我們是展覽廳，揭幕神的最新巨作，並贏得天使喝采。我們是競技場，展現神無可匹敵的神乎其技，而且贏得天使滿堂彩。

之前，這個奧祕向天使隱藏，如今不再隱藏。神要天使看見，祂正以一種奇妙的新方法——福音——來展現祂的智慧。

當耶穌行走在人間，天使已經從天窗望出去看到了。保羅曾把基督的奇妙無比列舉給提摩太知道，其中包含了「**被天使**看見」（提摩太前書3:16）。耶穌也在天使的觀看之下，他們的眼睛凝視著道成肉身的基督。保羅最後總結說：「敬虔的奧祕真偉大啊，這是眾人所公認的。」

保羅意識到，天使正在鉅細靡遺地觀看我們的每一件事。直到世界末了，他們仍會一直觀看著，耶穌在〈路加福音〉十二章八到九節裡，在說到審判日來到時，就讓我們知道了這個事實：

> 我告訴你們，凡在人面前承認我的，人子在神的使者面前也承認他，在人面前不認我的，我在神的使者面前也不認他。

當審判那日來到，你希望自己從天使觀眾那兒獲得什麼樣的評價？

或許，現在是你該為此禱告的時候了。我們在〈啟示錄〉五章八節看到天使拿著「琴和盛滿了香的金爐，這香就是眾聖徒的祈禱」。你的哪些珍貴禱告已經上升、成為裝滿天使聖潔雙手拿著的天上金爐的禱告？你有沒有禱告願神的國今天降臨在地上？你有沒有禱告神的國降臨在你尚未信主的摯愛家人、朋友和鄰居的生命中？你有沒有禱告神的旨意行在你的生命中，就像天使在天上已經實行了神的旨意？你有沒有祈求神顯明祂對你的人生的特別旨意？

在後面的〈啟示錄〉中，我們看到一個天使拿著金香爐站在祭壇前。這個天使何等榮幸：

> 有許多香賜給了他，好與所有聖徒的祈禱一同獻在寶座前的金壇上。那香的煙和眾聖徒的祈禱，就從天使手中一同升到神面前。（8:3-4）

今天，你的哪些馨香禱告會被獻在天上的祭壇上，化成神聖的裊裊香煙，升到神的面前呢？

第8章

天使的名字與稱號

《大天使米迦勒和龍》，拉斐爾的油畫作品，十六世紀。

天使有許多的名字或稱號。你在拿起本書之前，可能聽過基路伯（cherubim或cherubs，但cherubim似乎更適合這些令人生畏的受造物）和撒拉弗這兩種天使的統稱。至於個別天使的名字，你很容易就會想到最著名的兩位：加百列和天使長米迦勒。

在聖經裡，還有其他值得我們去認識的天使統稱或個別天使名字嗎？

比起名字和稱號在現今的一般意義，它們在聖經裡以及在聖經時代的文化裡，有更多重意涵。我們可以從仔細審視「天使」（你應該還記得天使一詞的意思是「使者」）這個稱謂之外的其他天使名稱，來理解箇中原因。

坐王位的、作主的、執政的、掌權的

在聖經裡，有些天使的名稱表明了他們是一個井然有序的組織。天使不會任意而為或者各行其是。你可能會覺得，既然任何生命族群都可以隨心所欲行事，天使當然也可以。但神對於該如何組織天使，顯然有其縝密安排，好讓他們可以徹底執行祂的旨意。（如果這適用於天使，對我們何嘗不是如此？）

關於天使是個有組織的群體的證據，包含了出現在新約中的一些指稱性用語，像是「坐王位的」、「統治者」、「有能者」和「掌權者」。它們似乎暗示著不同的天使群體或階級。現在，我們來檢視幾處出現這些用語的聖經段落，看看會有哪些發現。

有時候，這些稱號是指邪惡的天使勢力，亦即撒但和牠的魔鬼徒眾：

- 末期到了的時候，基督把所有的統治者、掌權者和有能者都毀滅了，就把國度交給父神。（哥林多前書15:24）
- 因為我們的爭戰，對抗的不是有血有肉的人，而是執政的、掌權的、管轄這黑暗世界的和天上的邪靈。（以弗所書6:12）
- 祂既然靠著十字架勝過了一切執政掌權的，廢除了牠們的權勢，就在凱旋的行列中，把牠們公開示眾。（歌羅西書2:15）

其他被這樣指稱的對象，可能是神的好天使：

- 這力量運行在基督身上，使祂從死人中復活，並且在天上坐在自己的右邊，遠超過一切執政的、掌權的、有能的、作主的，和今生來世所能舉出的一切名銜。（以弗所書1:20-21）
- 為了要使天上執政的和掌權的，現在藉著教會都可以知道神各樣的智慧。（以弗所書3:10）

有一些經文，顯然好壞天使都涵蓋在裡面，但從更大的格局來看，它們的最終意義可以指神的天使而非魔鬼：

- 因為天上地上的萬有：看得見的和看不見的，無論是坐王位的，或是作主的，或是執政的，或是掌權的，都是本著祂（基督）造的；萬有都是藉著祂，又是為著祂而造的。（歌羅西書 1:16）
- 你們也是在祂裡面得了豐盛。祂是一切執政掌權者的元首。（歌羅西書 2:10）

我們在〈羅馬書〉八章三十八到三十九節再次看到這些用語，但保羅確實在此把天使與「有能力的」做了清楚的區別。

因為我深信：無論是死、是生，是天使、是掌權的，是現在的事，是將來的事，是有能力的，是高天的、是深淵的，或是任何別的被造之物，都不能叫我們與神的愛隔絕，這愛是在我們的主耶穌基督裡的。

另一方面，在這處經文裡「有能力的」可能指稱廣泛的對象，包含了天使和魔鬼，或許還涵蓋了時間（現在和未來）的考驗。（我們對這一點確實覺得如墜五里霧中！）

最重要的是，這幾節經文指出了基督的「大能」遠遠凌駕於天使之上。保羅使用這些用語似乎只是為了表達基督遠比任何人事物都更加崇高偉大。保羅的焦點當然**不是**提供一幅完整的天使階級架構。我要在這裡適時地提醒大家：想像天使組織的繁瑣細節，有可能會想像過頭而偏離了正道。

幾世紀來，有一些神學家致力於發展出複雜的天使階級系統，而且樂此不疲。一個在中世紀流行的天使層級架構，是把天使分成九等。

十三世紀偉大的神學家聖多瑪斯．阿奎那（Thomas Aquinas）就支持這個傳統的九等天使系統，並加以完善。在他的巨作《神學大全》（*Summa Theologica*）一書中，他承認「我們對於天使的認識不足」，因此「我們只能用一般的方式來區別天使的職務和位階」，但他也說：

> 如果我們能夠對天使的職務和區別有透徹的了解，應當也會對每個天使的職務與位階有清楚的認識。

阿奎納相信，每個天使自成一「種」（species，不像人類，統屬一種），因此每個天使在一個完善的全體天使層級架構中，獨佔自己的位階。

順帶一提，阿奎納所寫的大部頭天使巨作備受學界推崇，為他贏得了史無前例、後無來者的「天使博士」（Doctor of Angels）頭銜。但大概在他四十九歲生日的時候，他看見了一個異象，從此翻轉了他的人生。這位卓越非凡的學者驟然停筆，從此不再寫作，他說：「我在異象中所見，讓我看見我所寫的東西就像稻草人般毫無價值。」或許他在異象中看見了天使，而僅僅是一瞥天堂的真實，相較之下就讓他的鉅著不值一哂。他不到五十歲就撒手人寰。

阿奎納深受一位作家前輩戴歐尼修斯（Dionysus）的影響和啟發，他的真實身分不詳。他在自己的一部作品《九品天使》（*Celestial Hierarchy*）中，對於天使的組織做了更深入的論述。一千年後，加爾文對於戴歐尼修斯的猜測提出理由加以質疑，並就天使的層級提出更完備的觀點。

加爾文寫道：

> 沒有人會否認，戴歐尼修斯（無論他是誰）在《九品天使》中有許多精闢的論述；但只要詳加審視，任何人都會看出它們不過是毫無意義的空談罷了。

加爾文忠告他的讀者：「棄絕那種只鑽研天使的屬性、等級和數目等這類毫無意義的空談，它們根本不以聖經的權威為依據。」他說耶穌在教導門徒時，便杜絕這一類「妄自猜測」，我們這些「甘心樂意讓耶穌在我們生命中掌權作主」的信徒，也當如此。

「當你讀戴歐尼修斯的著作時，」加爾文指出，「他會讓你以為他曾來到天堂，他所寫的是他親眼所見，而不是他的學問。」

加爾文拿保羅的例子作為對照。我們從聖經得知，保羅確實「被提到第三層天上去」，「被提到樂園裡去」（哥林多後書12:2-4）。但保羅從天堂回到地上後，他並沒有侃侃而談天堂的陳設，或是天使在天上的組織架構，保羅只是輕描淡寫地堅稱自己「聽見了難以言喻的話，那是人不可以說的」（12:4）。保羅絕對有資格可以向我們分享許多有關天使組織的秘密，但他卻克制自己，保持緘默不語。

早在耶穌開始地上的服事，以及教會誕生之前的幾個世紀裡，一些猶太人已經就天使龐大的組織發展出許多大受歡迎的想法。他們想像出各式各樣的天使職位和職能。當保羅說基督不僅「遠超過一切執政的、掌權的、有能的、作主的」，也超過「今生來世**所能舉出**的一切名銜」（以弗所書1:21）時，他心中或許對於當時流行的天使組織傳說也有一定的認識。

你可以盡情地發揮自己的想像力，把天使的層級架構劃分到不能再細分，但又如何，這一點都不重要。不論天使大軍有多麼莊嚴、閃耀奪目和縝密，也不論當末日來到時，他們的顯現會多麼磅礡驚人，他們的榮美相較於基督永遠顯得黯淡無光。基督才是至寶。

秩序與和諧

但是，聖經裡使用這些尊貴的頭銜來稱呼天使，表示天使確實有值得我們學習效法之處。加爾文自己就樂意使用**有能**、**掌權和執政**等稱呼，來表達神對這個世界的統治是透過天使來「施行和治理」的。對他而言，這些遣詞用字也表達了「天使服事的尊貴性」。至於把「坐王位的」這個稱號用於天使身上，加爾文說這或許是「因為神的榮耀有一部分內住在天使裡頭」。但他維持一貫戒慎恐懼的態度，緊接著說道：「最後這個名稱，我不樂於如此稱呼天使，即使重新詮釋，若名不符實，我的態度也一樣。」

所以，聖經雖未詳述天使的組織架構，但似乎確實有所提及。天使具有井然有序的組織，這並非無的放矢，是有道理的，「因為神不是混亂的，而是和平的」（哥林多前書14:33）。綜觀神的有形創造，即使形形色色、繽紛多樣，我們卻能看出其中存在著令人嘆為觀止的規律性，一切井然有序，在各種千變萬化的圖樣中呈現出對稱和邏輯。無與倫比的精妙設計彰顯了神這位總設計師的榮耀，因為祂不僅創造這一切，還維持它們運作、生生不息。因為神源源不絕供應所需能量，萬有才能分分秒秒、一季又一季運行不輟。

天使生活的世界，也是出自神的創造和供應，儘管我們現在對此所知少之又少，但它一樣也是出自神偉大的設計，這是無庸置疑的。

那麼，這一切跟你我有何關係？我們為何該關心天使的世界是否秩序良好、運作順利？還有，我們為何該關心自然界是否秩序良好、運作順利？

我們的首要關切應該是，領悟到這種井然有序反映出了神的存在。我們從神的創造與其持續完整的運作中來了解神。創造是個複雜、精密、協調和有序的工程，而這就是神的行事風格。

其次，我們應該聚焦在我們自己身上。不同於天使和大自然，人類故意悖離神起初造人的心意。所以我們現在必須經歷掙扎，重新發現、明白那個神起初創造的和諧而有序的生命，還要將之活出來。

我們接下來要問幾個具有針對性的嚴厲問題：我們真的明白神設立教會的主要目的嗎？我們真的有用具體行動——在教會中活出平安與和睦——來證明我們確實對神的心意已經心領神會了嗎？

同樣地，在家裡：我們真的明白神設立家庭的主要目的嗎？我們是否在家中活出了平安與和睦，來證明我們確實心領神會了神的心意？

「井然有序」在教會和家中，就像它在自然界和在天使界一樣重要。撒但深知這點，所以牠不斷攻擊神對教會和家庭的命令——也就是要求教會中的弟兄姊妹和家人之間要彼此相愛，並順服權柄。任何時候教會與家庭出現混亂，一定不是出於神，因為神不會製造混亂。

你的家庭或教會正陷於混亂嗎？如果是，你能看出是因為神起初設立家庭或教會的心意，遭到忽視或悖逆而行所致嗎？

你的個人生活和你真實的內在景況又如何呢？神不是製造混亂而是帶來平安的神。平安是你內心的主旋律嗎？還是騷動、混亂和不安已經奪去了你心中的平安？

靈性意謂一種和諧有序的生命本質。

萬軍與戰車

另外一個用於形容全體天使的名字是「萬軍」。我們在前面已經看到，這個名字特別重要，是因為神親自表達了對它的認同——祂常常稱自己為「萬軍之耶和華」。「萬軍」一詞也意謂著在天使中存在著秩序和組織，更傳達了天使是為了戰鬥而被組織。「萬軍」一詞在聖經中主要用來形容神的天上軍隊。我們可以由此勾勒出他們是訓練有素的部隊，擁有不容置疑的忠心，而且立即服從神。他們總是隨時待命，隨時回應神這位總司令的召喚。天使一定比地上任何一支軍隊和軍事裝備，都要嚴謹有序。

天使被稱為萬軍，加爾文寫道：

因為他們像臣子般環繞他們的君王——他們突顯和展現了神的威嚴。猶如士兵般，他們總是向領袖的標準看齊，而且準備就緒，隨時待命執行神的命令，只要祂一點頭，他們就準備展開行動，更確切地說，是實際展開行動。

聖經中第一次使用神的這個名字「萬軍之耶和華」，是在以色列史上一次軍力不振的時期——出現在〈撒母耳記上〉的開頭（1:3），該書卷開始於非利士人壓迫神的百姓的時期。馬太・亨利（Matthew Henry）說，先知撒母耳之所以在此使用神的這個名號，可能是為了「安慰以色列人」，那時候他們的軍隊兵少又孱弱，而他們的敵人卻是兵多勢眾，驍勇善戰。

沒有多久，神的這個名字激勵了一個名叫大衛的牧羊童。他向一位高大魁梧的敵人歌利亞（哥肋雅）叫陣：

> 你來攻擊**我是靠刀、靠槍**，但我來攻擊你是**靠萬軍之耶和華**的名；萬軍之耶和華就是你所辱罵的以色列軍隊的神。（撒母耳記上17:45）

有萬軍之耶和華的同在，以色列人那天贏得勝利。

但他們在幾百年後，卻輸掉了一場戰役，以色列國王在沒有耶和華與其萬軍同在的情況下，決定率領軍隊殺敵，結果慘敗。以色列國王亞哈（阿哈布）不是沒有在事前得到警告。先知米該雅（米加雅）曾站在王面前，說：「我看見耶和華坐在寶座上，**天上的萬軍**侍立在祂左右。」（歷代志下18:18）

神和這些天使正在商議什麼事呢？不是要幫助亞哈打勝仗，而是要如何降災禍和死亡給這位腐敗的統治者（18:19-22）。

亞哈拒絕遵從米該雅的異象。他的軍隊衝鋒陷陣，與亞蘭人作戰，亞哈後來被敵人的亂箭所傷，箭矢刺穿他鎧甲上的接縫處。亞哈硬撐著受傷的身體，勉強站立在自己的戰車上，目睹後續的戰況，他的鮮血染紅了整個戰車地板。隨著以色列軍隊節節敗退，他在日落時氣絕身亡。

神的策略與祂的天使大軍永遠不會失敗。

我們已經在前面看到，耶和華與祂的萬軍軍容多麼壯盛，以至於有時候聖經裡只要以「戰車」來含蓄表達天使的顯現就可以了。我們聽見大衛謳歌讚美：「神的車馬千千萬萬。」（詩篇68:17）我們聽見以賽亞發出警告，說：「看哪！耶和華必在火中降臨，祂的戰車好像旋風。」（66:15-16）我們看見神回應以利沙的禱告，打開他的僕人的眼睛，於是他看見「那山上布滿了火馬火車」（列王記下6:17）。甚至「火車火馬」如旋風降下，把以利亞帶往天上，就像是一支身負特別任務的天使中隊，接一位老兵回天家（列王記下2:11-12）。

天使在軍事上的一面，向我們充分展現了他們井然有序的又一例。當大衛向神高喊：「在祢征戰的日子，**祢的人民**都樂意投身。」（詩篇110:3）在那一天，天使與人都成了耶和華隨時待命征戰的士兵。

你是樂意聽從神指揮的士兵嗎？你愈了解天使，就愈會清楚看見在這宇宙中靈界的真實情況，也愈會聽見更多征戰的召喚。因為天上的戰鬥已經就緒，你我無法避戰。我們必須有鋼鐵般的意志，決心戰鬥到底。

> 要穿戴神所賜的全副軍裝，使你們能成功抵擋魔鬼所有的詭計。因為我們的爭戰，對抗的不是有血有肉的敵人，而是來自靈界的組織和掌權者。我們要對抗掌管這黑暗世界的看不見力量，和來自魔鬼總部的邪靈污鬼。所以要穿起神所賜的全副軍裝……（以弗所書6:11-13）

聽哪，警醒的號角已經吹響！「你們要警醒，要在信仰上站立得穩，要作大丈夫，要剛強。」（哥林多前書16:13）

勝利已經在握（基督已經得勝！），你只要站立觀看就好。但如果你毫無抵抗能力，就無法做到，只能淪為敵人的箭靶。不要給墮落任何可乘之機！所以，穿戴好神所賜的全副軍裝，「使你們在這邪惡的時代裡可以抵擋得住，並且在作完了一切之後，還能**站立得穩**」（以弗所書6:13）。

這是一場獨一無二的戰爭。所以，爭戰的最好保護就是：

帶上光明的武器……總要披戴主耶穌基督……。（羅馬書 13:12-14）

聖者

請牢記：在聖經裡，名字或名號是有意義的。有了這樣的概念後，接下來，我們就來看看聖經中，天使的其他名稱。有些泛指全體神的天使，其他名稱則僅限於其中某些特殊階級。

天使被稱為「聖者」（或聖徒）。他們被分別出來，專為神所用。這種聖潔**來自**於神的聖潔，並**指向**神的聖潔。〈詩篇〉八十九篇七節的經文對此有生動的描述：

在聖者的議會中，神是令人驚懼的，比一切在祂周圍的都更為可畏。

圍繞在神四周的天使是聖潔的。但他們令人畏懼的聖潔無法與神的聖潔比擬，所以天使對神大感敬畏。

當摩西來到西乃山，神頒布律法給以色列人時，天使也被稱為「聖者」（申命記

33:2）。約伯的朋友以利法（厄里法次）也稱呼天使為「聖者」（約伯記5:1, 15:15）。但以理在他的異象中，也如此稱呼天使：

我聽見一位聖者在說話，又有一位聖者問他：「這個……異象，要到幾時呢？」（但以理書8:13）

請留意其他三處經文（一處出現在舊約，其餘二處則出現在新約）：主被看見在未來某一天，「所有的聖者都與祂同來」。出現在這三處經文的「聖者」可能是指得救的信徒與未墮落的天使：

- 你們要逃跑，好像在猶大王烏西雅年間逃避大地震一樣。**耶和華我的神必來臨，**所有的聖者**都與祂**同來。（撒迦利亞書14:5）
- 也願祂堅定你們的心，好叫你們在**我們主耶穌和**眾聖徒再來的時候，在我們的父神面前，完全聖潔，無可指摘。（帖撒羅尼迦前書3:13）
- 看，**主必同**祂的千萬聖者**降臨**，要審判眾人，又要定所有不敬虔的人的罪，因為他們妄行各樣不敬虔的事，並且說了種種剛愎的話頂撞神。（猶大書14-15）

我們人類的命運再次和天使連結在一起。

神的眾子

為了強調他們的能力，天使也被稱為「(眾)神」、「神的眾子」。一如他們的聖潔性，他們的能力也指向神。在聖經裡，〈詩篇〉八十九篇六節有很好的闡釋：「在**全能者的眾子**中，誰能像耶和華呢？」天使雖然有大能，但卻無法與神的全能相提並論。

- 神的眾子啊！要歸給耶和華，你們要把榮耀和能力歸給耶和華。(詩篇29:1)
- 你們作祂天使的，就是那些大有能力，行祂所吩咐，以及聽從祂命令的，都要稱頌耶和華。(103:20)

在〈詩篇〉八篇五節，大衛說神造人「比天使低微一點」，在希伯來原文裡則確實使用「以羅欣」(Elohim)或「眾神」來稱呼天使。我們由此看見他們崇高的權能，但也映照出了神的榮耀。加爾文說，天使「不止一次被稱為眾神，因為透過他們的服事，神向我們顯現一部分的自己，如同鏡子反照一般」。

我們可以在〈啟示錄〉裡看見神的另一部分大能反映在天使身上。約翰看見並聽見了「一位**大力的**天使」在神的寶座周圍，問說：「誰配展開那書卷，拆開它的封印呢？」（5:2）他又看見「一位**大力的**天使……右腳踏在海上，左腳踏在地上」（10:1-2）。以及，「有一位**大力的**天使，把一塊好像大磨石一樣的石頭，舉起來拋在海裡」（18:21）。

在〈帖撒羅尼迦後書〉一章七節，保羅說主耶穌將會「和祂**有能力的天使**從天上顯現在火燄中」。聖經學者說，這節經文最好翻譯為「**有祂的能力的天使**」，由此來指稱一個特殊的天使群體，他們擁有來自於神的特別能力，藉此顯示神的全體天使具備非凡的能力。

聖潔的守望者

另外一個關於天使的觀點，來自尼布甲尼撒王與宰相但以理的談話，他稱天使為「守望者」（watchers）。這個在此被翻譯為「守望者」（或在一些英譯版聖經裡被譯為「使者」）的希伯來字，在整本聖經中只出現在〈但以理書〉第四章，它的字義源自一個動詞，意思是「保持警醒」和「留心」。

尼布甲尼撒王告訴但以理有關他做的一個夢，他當時正在寢宮裡睡覺，「安逸地住在家中，在宮裡享受榮華富貴」（4:4）。在夢中，他看見一棵高大、健康、結實累累的樹木，有飛鳥棲息在樹枝上，動物在樹蔭下歇息。

我躺在床上，在我腦海出現的異象中，我看見有一位守望者，就是聖者，從天上下來。（4:13）

這個從天降下的神聖守望者，下令要砍下這棵樹，剩餘的樹幹用鐵鍊圍住。這位守望者也宣判某個人（結果就是這位國王自己）要「被天露滴濕」，在野外與野獸共處，以及給他一個獸心。這位守望者宣告：

這是守望者（們）宣告的裁決，是聖者頒布的決定。（4:17）

所以，在向尼布甲尼撒王說話的守望者旁邊，還有其他的「守望者們」，他們被委任宣告神的判決。他們可能是一個特殊的天使階級，專門傳達神的命令。

在尼布甲尼撒王的案例中，守望者對於這項特別的判決給了這樣的理由：

好使世人都知道：至高者在世人的國中掌權，祂喜歡把國賜給誰，就賜給誰，甚至立最卑微的人執掌國權。

尼布甲尼撒王成了那個最卑微的人，因為他像一頭野獸在野外生活，吃草維生。頭髮蓄長，指甲留長像鳥爪。最後，當神恢復他的神智，尼布甲尼撒王就頌讚、榮耀神，說：「在天上的萬軍中，祂憑自己的意旨行事；在地上的居民中，也是這樣。」（4:35）守望者們說的一點都沒錯。

基路伯與神的寶座

「基路伯」這個名字的由來是個謎。有些學者認為這個名字有「調停者」或「守護者」的意思。其他學者則認為它有「抓住或緊抓不放」、「犁地或耕地」或「勤奮不懈」的意思。或許，基路伯（cherubim，希伯來文cherub的複數名詞）是天使中名副其實的吃苦耐勞者，因為他們身負效命大君王的護衛之責。

我們第一次遇見基路伯天使，是在〈創世記〉第三章，那是聖經第一次提到天使。亞當墮落後，基路伯拿著發出火焰的劍守衛伊甸園的大門，生動地向我們顯示罪永遠不會是天堂的一部分。

基路伯的下一次出現，是在神給摩西打造約櫃*和會幕的詳細指示時。約櫃上面有純金打造的施恩座，兩旁有用金子錘出的基路伯天使像，〈希伯來書〉作者稱它們為「有榮

*譯注：又稱為「法櫃」，即法版之櫃。

耀的基路伯」（9:5）。

留意神如何指示摩西打造基路伯敬虔的姿態：

> 二基路伯要在上面展開雙翼，遮掩施恩座，基路伯的臉要彼此相對，他們的臉要朝著施恩座。（出埃及記25:20）

約櫃代表神的寶座以及神尊貴的顯現，高舉翅膀的基路伯金像提醒我們，神坐在寶座上被榮美的敬拜天使所環繞。它們的臉面對施恩座——施恩座本身意謂著基督以自己作為贖罪祭——透露了天使的命運也與基督在十字架上完成的救贖大功緊密相關。或者，這個強烈的天使意象表明了他們渴望「詳細察看」救贖究竟是怎麼一回事（彼得前書1:12）。

或許，如一些學者大膽的論點，基路伯呈現了得到救贖之恩的人類理想的未來狀態，而他們凝視施恩座，則代表了他們對基督救贖的永恆感恩與頌讚。基路伯就是我們未來可能的樣態。

基路伯像也小心地複製在會幕的其他陳設上。耶和華命令摩西要用十幅幔子來做會幕，「幔子要用撚的細麻、藍色紫色朱紅色線做成，並要用巧工繡上基路伯」（出埃及記26:1）。一幅用來隔出會幕裡聖所和至聖所的幔子也「要用巧工**繡上基路伯**」（26:31）。

關於基路伯翅膀所遮掩的約櫃，神答應祂會在此向摩西顯現：

> 我要在那裡和你相會，也要從施恩座上面，從二基路伯之間，告訴你一切我命令你傳給以色列人的事。（25:22）

神也立刻履行祂的承諾：

> 摩西進入會幕要與耶和華說話的時候，就聽見法櫃的施恩座上，二基路伯中間，有與他說話的聲音，是耶和華與他說話。（民數記7：89）

從此以後，許多以色列人都記得耶和華的這次顯現，以及祂要在他們當中作王的記號，因此神常被稱作「坐在二基路伯中間的」（撒母耳記上4:4、撒母耳記下6:2、列王記下19:15、歷代志上13:6、詩篇80:1和99:1）。

在亞述大軍紮營在耶路撒冷城外，伺機攻打耶城期間，希西家（希則克雅）王便如此向神禱告：「萬軍之耶和華，以色列的神，**坐在二基路伯中間的**啊！唯獨祢是地上萬國的神……」（以賽亞書37:16）神回應他的禱告，耶和華的使者在一夜之間殺死了十八萬五千名亞述士兵。

另外一段我們得以一瞥基路伯身影的聖經章節，出現在〈撒母耳記下〉二十二章十至十一節，敘述「在耶和華拯救大衛脫離所有仇敵和掃羅的手的日子」，大衛凱旋而歸時，對神發出的頌讚。這幅畫面令人驚嘆，基路伯帶著神的同在來拯救大衛：

祂使天下垂，親自降臨；
在祂的腳下黑雲密布。
祂乘著基路伯飛行，
藉著風的翅膀急飛。

由於基路伯代表了天使環繞神的寶座，因此大衛認為當耶和華拯救他的時候，就像是乘著寶座降臨，成為大衛生命中那位使人得釋放的君王。

你我也能在我們的處境中經歷這一幕。我們可以確信，神這位大君王會在我們需要救援的時候，及時幫助我們：

所以，我們只管坦然無懼地來到施恩的寶座前，為的是要領受憐憫，得到恩惠，作為及時的幫助。（希伯來書4:16）

是的，「耶和華是我們的君王，祂必拯救我們。」（以賽亞書33:22）

聖殿中的基路伯

當大衛的兒子所羅門（撒羅滿）建造聖殿來取代會幕，基路伯再次成為聖殿陳設的特色，但數量更多。

聖殿嚴格遵守神給摩西的會幕設計指示來興建。在〈歷代志上〉二十八章十一到十二節中，我們看到大衛把聖殿的詳細建築藍圖都指示給兒子所羅門知道，因為這些藍圖是「聖靈放在他心中的」。這很重要，請謹記在心。把基路伯的像裝飾在會幕和聖殿中，是出於**神的**構想，而不是人所想出來的設計點子。

想像你現在置身於三千年前所羅門執政時期的以色列。你正沿著通往嶄新聖殿東門的階梯拾級而上，它是當時全球遠近馳名的建築。對於外國訪客而言，在全世界最有智慧也是全球首富的國王治下的首都裡，聖殿是最具代表性的建築。但對你和你的同胞來說，聖殿的意義更加深遠。這裡被揀選為萬軍之耶和華在地上的居所，而今天是贖罪日。這是聖殿的至聖所每年唯一開放的日子。

而你就是那個唯一可以進入的人，因為你是大祭司。

你和其他祭司同僚已經在聖殿前院的大祭壇上，完成贖罪日獻祭。你現在手拿著一個裝滿公山羊血的金碗，這隻山羊是為了百姓的罪被宰殺獻祭。你拿著山羊血要進到至聖所，把血灑在約櫃的施恩座上。

你來到階梯頂端，通過兩個巨大銅柱進到柱廊。在你的面前有兩扇巨大的門，上面刻著繁複的基路伯天使像。你的目光立刻轉到他們的翅膀上，接著是猶如獅子般的肩膀，然後是他們莊嚴肅穆、神祕的臉龐。所有這些特徵都強烈地表現在錘出的金像中，在以色列正午的豔陽下熠熠生輝。你佇立良久，凝視其中一個基路伯的臉，突然感到不寒而慄。在驚懼中，你想像著他們出現在天堂的景象。

你勇敢地伸出一隻手，順利地推開了其中一扇門。你屏住呼吸。你覺得被推開的那扇門上的基路伯天使，正看著你進到偌大的聖所。

純金包覆的地板閃閃發光。兩旁由純金鋪成的牆壁高十五公尺多。設置在聖所兩側的金燈臺發出明光映照著牆上的浮雕——數不清的基路伯天使像。用純金包覆的棕櫚樹和花朵強烈地映襯出它們令人生畏的形貌。你對著其中一個基路伯凝望片刻，然後一個接著一個看。每一個看起來都栩栩如生。你敬畏到幾乎不敢再往前走。

你終於往前移動。你赤著腳，靜悄悄地緩緩移動腳步，穿過約十八公尺寬的純金地板，來到一個方正的金香爐前，爐裡的香裊裊上升。

在金香爐後面是另外兩扇純金包覆的門，矗立在你眼前，門上也刻有基路伯天使像，還有棕櫚樹和花朵。你跪在金香爐前禱告，然後起身朝金香爐後面走去。

你伸手碰觸其中一扇刻有基路伯浮雕的門。你閉上眼睛。推開了這兩扇門後，你睜開眼睛凝視前方，在你眼前的房間，已經整整一年沒有人進出了：這裡就是至聖所。

至聖所的大廳燈火通明，照亮了整個門口，流瀉至外面純金包覆的聖所。你面前矗立了兩個閃閃發光的巨大基路伯雕像，每一個高約四．五公尺。雕像的翅膀完全展開，分別抵到內牆和外牆，形成一道弧形，整個寬約四．五公尺。弧形翅膀下是約櫃與施恩座——有另外兩個基路伯天使像設立在施恩座兩側，展翅遮蔽著約櫃。

置身於莊嚴肅靜的至聖所，你的手腳不禁顫抖著。你的雙膝跪下。熟悉的〈詩篇〉九十九篇開場詩句從你口中吐出：

耶和華作王，
萬民都要戰慄；
祂坐在兩個基路伯之上，
大地也要震動。

幾百年後，巴比倫軍隊毀壞了這座華美的聖殿。在〈詩篇〉七十四篇裡，當悲慟的猶太人為入侵者的破壞而哀傷時，他們心中一定還存留著那些刻有基路伯天使像美輪美奐的聖殿牆垣的記憶：

他們好像那些舉起斧子，在樹林中砍伐樹木的人。
‧‧‧聖殿中的一切雕刻，他們都用斧子和錛子打碎了。
‧‧‧他們用火把祢的聖所燒成焦土，他們褻瀆祢名的居所。

但是神已經把新的聖殿異象給了祭司暨先知以西結，他當時與其他猶太人被擄到巴比倫。「在內殿門口上面的外牆，以及內殿和外殿周圍的牆上」，從地板到天花板，按著一定間距，刻上基路伯天使像（以西結書41:17），它們要布滿每一面牆，棕櫚樹依舊點綴其間。基路伯天使像的外貌如下：

每個基路伯都有兩個臉孔。這邊有人的臉向著棕樹，那邊有獅子的臉向著棕樹。（41:18-19）

通往聖所的門上，又「刻有基路伯和棕樹，像那些刻在牆上的一樣」（41:25）。在這個令人歡欣鼓舞的異象中，以西結看見這些基路伯像所產生的敬畏感，也許比不上你我——因為不久前，他有幸目睹了**實體**——神開啟天堂，讓以西結看見基路伯天使環繞神寶座的異象。

人類有限的語言難以言傳以西結眼前基路伯天使所展現的力與美，不過以西結已經盡其所能了。在〈以西結書〉第一章，我們就被帶到超乎人類想像力的場景，其中有許多細節的描述。我們值得花些篇幅，把將近一整章關於基路伯天使、令人敬畏的描述，在此逐一探討（以西結起初把他們稱為「活物」，直到第十章才確認他們是基路伯）。

異象的第一幕。以西結看到：

> 有狂風從北方颳來，並有一塊閃耀著火燄的很大的雲，雲的周圍有光芒，在雲中的火燄裡，好像有發光的金屬。在火中又有四個活物的形狀。

首先映入以西結眼簾的，是他們的臉、翅膀和火焰。

他們的形狀看起來像人，但**每一個都有四張臉和四個翅膀**。他們的腿筆直，腳掌像牛犢的蹄，像是擦亮了的銅般閃閃發光。四個翅膀的下面都有一隻人手。這四個活物各有四張臉和四個翅膀，他們的翅膀彼此相接。

他們的**面貌**：每個活物都有一張人臉、右邊是獅臉、左邊是牛臉，還有一張老鷹臉。這就是他們四個臉孔的長相。

他們的**翅膀**高展；其中一對翅膀與鄰近活物的翅膀相接，另外一對翅膀則遮蓋自己的身體。

四個活物看起來**就像是燃燒的火炭**，**又像火把**。火在他們當中前後移動；火看起來非常明亮，有閃電從火中發出。

以西結入迷地看著他們行走的步態：

他們俱各直往前行。靈往哪裡去，他們就往哪裡去，行走並不轉身……

這活物往來奔走，好像電光一閃。

然後，他看到了一個引人入勝、像是跳舞般閃閃發光的輪子在移動，輪中套輪的輪子上布滿了眼睛。請留意，輪子並非獨立於活物之外，而是以一種不明的方式在屬靈上成為他們的一部分。請試著想像這幕景象：

我觀看那些活物的時候，看見四個活物的旁邊都有一個觸地的輪子。四個輪子的樣子與構造都是一個形狀，它們好像閃耀的水蒼玉，又好像輪子套著輪子……輪輞很高，十分可畏，四個輪輞都布滿了眼睛。

活物走動的時候，牠們旁邊的輪子也隨著移動。活物從地上升起的時候，輪子也隨著升起。靈往哪裡去，活物就往哪裡去，輪子也隨著牠們升起，因為活物的靈是在輪子裡面。活物走動，輪子也隨著移動；活物站著不動，輪子也不動；活物從地上升起，輪子也隨著升起，因為活物的靈是在輪子裡面。

以西結也要我們用他的耳朵來聽：

活物走動的時候，我聽見牠們翅膀的響聲，像洪水的聲音，也像全能者的聲音，又像軍隊喧嚷的聲音。

神的天使總是為我們指向神，這點在以西結的案例中也清晰可見。他不僅是透過這幅異象讓人了解基路伯天使，更是要讓人聽見神說的話。

以西結從「活物的頭頂上面」望去，看到「有穹蒼的形狀，好像閃耀的水晶，十分可畏」。他聽見有聲音從穹蒼發出，然後抬頭看到這幅令他癱軟的異象：

在牠們頭頂的穹蒼上面，有寶座的形狀，好像藍寶石的樣子。在寶座上面，有一個樣子像人的形象。我看見在那彷彿是祂腰部以上，好像閃耀的金屬，又好像有火四面包圍。在那彷彿是祂腰部以下，我又看見好像有火，光芒環繞著祂。

這就是耶和華榮耀的形狀的樣子。我一看見，就俯伏在地上，跟著聽見有說話的聲音。

這些只是序幕而已，神現在要給以西結祂的呼召和指示，它們將記錄於〈以西結書〉第二章和第三章裡。

以西結在他的餘生裡，每天面對著要活出呼召的掙扎和壓力，必然會想起這幅異象。只要想到這是他所事奉的神的呼召，一定帶給他源源不絕的熱情和激勵。

我們當中有多少人會樂於看見那樣莊嚴、神祕的異象，以持續走在神給我們個人的呼召中？其實，我們真的擁有那樣的異象。主已經透過祂的話語，給了我們這個異象來持守呼召。以西結所看到被像火般的基路伯環繞的神，永永遠遠都是一樣的神。以西結的異象不僅是為了他，更是為了你我。

在聖經裡，我們從未看到基路伯奉神指派，向人傳達信息——至少看不到他們的口信。但是他們的出現對以西結，以及曾在聖殿和會幕看到基路伯像的人，和逃出伊甸園的亞當和夏娃等人而言，一定是無聲勝有聲，一切盡在不言中。

撒拉弗

撒拉弗這個名字有「燃燒者」或「閃耀者」的意思（這再次提醒我們，神造祂的天使為「火焰」，見詩篇 104:4、希伯來書 1:7）。撒拉弗的居所非常靠近神的臨在，而能發出耀眼的神聖光輝。

聖經只提起過這個名字一次，但這幕景象何等可畏。讓我們再回到以賽亞的異象，他看見神坐在寶座上，有大聲音從祂四周發出，齊聲頌讚：「聖哉！聖哉！聖哉！萬軍之

耶和華！」（以賽亞書6:1-4）

以賽亞說發出持續頌讚聲音的主人就是撒拉弗。他形容他們有六個翅膀。用一對翅膀恭敬地掩面，這個動作提醒我們神的榮耀多麼壯麗輝煌。聖經說沒有人可以見神的面而還能活著，連天使在神的面前都必須保護自己不受神榮耀的光輝所傷。馬太．亨利如此闡釋這一點：

雖然天使的容貌遠比人類孩童俊美（使徒行傳6:15），但他們在神的面前掩面，是因為他們承受不了神極其輝煌耀眼的榮耀，以及深知自己離神的完全有無限之遙，而在聖潔神的面前深感自慚形穢。

以賽亞也注意到他們用另外一對翅膀遮腳。這說明了他們的謙卑，並恭敬地等候神的下一步指示。

撒拉弗用剩下的一對翅膀飛翔。有了這對翅膀的推進速度，凡是神交付的任務，他們絕對可以使命必達。

注意這個比例：四個翅膀用於敬拜，只有兩個用於工作——他們用在神身上的注意力，是其他職責的兩倍。但是，我們今天的做法卻常常是反其道而行。我們應該效法撒拉弗。

如同以西結所看見的基路伯天使異象，以賽亞的撒拉弗異象一樣呈現了對神的崇敬和充滿愛慕的敬畏，來幫助我們更加親近天父。嘗試效法基路伯的榜樣可能會讓人感到不舒服，甚至產生壓迫感。但如果這樣做只會讓人覺得舒適自在，神就不是神了。

以賽亞知道這種緊張不安的感覺。當撒拉弗高唱：「聖哉！聖哉！聖哉！」時，他卻想著自己是多麼「不潔！不潔！不潔！」於是，他呼喊說：「我有禍了，我滅亡了！」（6:5）。但是有一個撒拉弗手拿著燒紅的炭，碰了他的嘴唇，這位先知又能繼續在聖潔神的同在中。主也會賜下適合的恩典給我們，以繼續在祂的同在中。

如同以西結的經歷，以賽亞在經過這次異象後，馬上就聽見神對他的特別呼召。以賽亞欣然回應，說：「我在這裡，請差遣我。」當我們懷著敬畏的心花時間來盡情地敬拜神，我們也會感到豁然開朗，明白神對我們生命的旨意。

活物與長老

在聖經末尾，約翰在拔摩島上所看見的異象中，看到了「四活物」，他們與出現在〈以賽亞書〉第六章的撒拉弗，以及在〈以西結書〉第一章所看到的基路伯有相似之處。他們的名字「活物」立刻告訴我們，他們是有生命的受造物。

他們和基路伯天使相似之處，是數量上都是四個，長相分別像獅子、牛犢、人和老鷹（啟示錄4:7）。他們和撒拉弗相似之處，則是都有六個翅膀、晝夜不停頌讚神：「聖哉！聖哉！聖哉！主、全能的神。」再加一句「昔在、今在、以後永在的那一位」（4:8）來尊崇神。

他們能夠以這種新的方式來讚美神，是基於兩個理由，我們立刻就來了解它們。理由一，他們侍立在神寶座四周（4:6）。因此，他們有可能比其他天使都更靠近神。

理由二，我們知道他們「前後布滿了眼睛」，這使我們回想起在〈以西結書〉第一章裡的基路伯輪子，輪輞周圍都布滿了眼睛。〈啟示錄〉裡的四活物能夠充分鑒察萬事，包括過去和未來、前面和後面。或許，他們真能看見神是昔在、今在、永在的神。

這四活物不僅只是參與敬拜神，也參與在神最後發怒降災在地上。如同約翰看見羔羊揭開七印中的第一印時，他說：

> 我觀看，就聽見四個活物中的一個，發出好像雷轟的聲響，說：「你來！」（6:1）

這個帶有權威性的大聲呼喚，召喚了一個騎著白馬的騎士出現，「他就出去，得勝並且要再得勝」（6:2）。隨著基督陸續揭開後面三印，另外三個活物也依序召喚，說：「你來！」他們的一個簡單命令再次立刻迎來騎著馬的騎士陸續出現，來毀壞這地。四活物知道如何把話說得擲地有聲、不容置疑。

約翰後來說，他看見——

那掌管著末後七災的七位天使……四個活物中有一個，把盛滿了活到永永遠遠之神的烈怒的七個金碗，交給了那七位天使。（15:6-7）

在〈啟示錄〉中，與四活物密切相關的是「二十四位長老」。約翰第一次看到他們的時候，他們就坐在環繞神寶座的二十四個座位上，「身穿白衣，頭戴金冠」（4:4）。「長老」這個名稱意謂「以身作則」。這些長老就像是我們的「模範長輩」，他們是我們所尊敬的長者，他們的行為成了我們效法的榜樣。聖經中所任命的教會最高領袖，也稱為「長老」。或許是因為他們對神的敬拜和服事，格外值得教會領導階層效法——而教會領袖又要「作群羊的榜樣」（彼得前書5:3）。

〈啟示錄〉中的二十四位長老特別參與在宣告神的救恩上。他們最光榮的時刻之一，是當「第七位天使吹號」（11:15），天上有大聲音宣告說，世上的國成了基督的國，直到永永遠遠。

二十四位長老現在成了約翰的焦點，他們為我們立了榜樣來回應基督在世上作王，「那在神面前，坐在自己座位上的二十四位長老，都面伏在地上敬拜神」。請仔細聆聽他們的讚美（11:17-18），這個讚美攸關你我和其他所有我們認識的基督徒，不分貴賤：

主啊！全能的神，昔在今在的，我們感謝祢！因為祢執掌了大權，作王了！

列國忿怒了！祢的震怒也臨到了！時候已經到了！死人要受審判！祢的眾僕人、先知、聖徒，和所有老幼貴賤、敬畏祢名的人，都要得賞賜！祢也要毀滅那些敗壞全地的人！

請注意，神在此向我們保證，祂會眷顧我們！二十四位長老知道，因此希望我們也能知道這一點。我們現在來看接下來發生了什麼事——同時，回想那些出現在聖殿裡的基路伯天使，以及他們所代表的意義：

於是，在天上神的聖所開了，祂的約櫃就在祂的聖所中顯現出來。隨即有閃電、響聲、雷轟、地震、大冰雹。

長老們一定知道，當他們敬拜的時候會得到什麼樣的回應！難怪，他們始終熱愛敬拜，從不厭倦。

我們看見二十四位長老和四活物經常一起配搭敬拜——事實是，我們幾乎可以說是四活物帶領天堂的敬拜，二十四位長老則充當助手，向我們展示如何正確回應神。一個範例就在第四章九到十節：

> 每逢四個活物把榮耀、尊貴、感謝獻給那坐在寶座上，活到永永遠遠的那一位的時候，二十四位長老就俯伏在坐在寶座上那一位的面前，敬拜那活到永永遠遠的。

此時此刻，長老們「把他們的冠冕放在寶座前」，並頌揚神配得一切榮耀、尊貴、權能，因祂創造了宇宙萬物，又維持宇宙萬物的生存和運作。這就是我們的榜樣——他們放下自己的尊貴（冠冕），只為了把更多的榮耀歸給那位配得所有一切榮耀的神。

還有，要留意長老和四活物也在〈啟示錄〉第五章中，一起就封印的書卷攜手合作——也就是約翰「因為沒有人配展開觀看書卷」而大哭的那一幕。「長老中有一位」告訴約翰不要哭，要他把注意力轉向基督。然後，約翰看到了被殺的羔羊，「在寶座和四個活物中間，並且在眾長老中間，有羊羔站著」(5:6)。

基督從神的手中取得書卷後：

> 四個活物和二十四位長老就俯伏在羊羔面前，各拿著琴和盛滿了香的金爐，這香就是眾聖徒的祈禱。他們唱著新歌，說：「祢配取書卷，配拆開封印，因為祢曾被殺，曾用祢的血，從各支派、各方言、各民族、各邦國，把人買了來歸給神……」(5:8-9)

接著，這幕場景來到最高潮，「我又聽見在天上、地上、地底下和海裡的一切被造之物，以及天地間的萬有」齊聲頌讚神和羔羊（5:13）。然後，我們的敬拜團再次上場：

> ……四個活物就說：「阿們！」……眾長老也俯伏敬拜。（5:14）

在「阿們」後，我相信每個人一定都覺得是「多麼棒的敬拜服事！」不能再好了。如果他們就是我們未來在天上的敬拜主領，神現在就把他們介紹給我們，不覺得很棒嗎？

接下來，我們將逐一與幾位非常特別的天使見面。「逐一」確實是我們現在就能做到的，因為聖經中只提到了兩位有自己名字的天使。他們聲名遠播，其來有自。

加百列

加百列的意思是「神強有力的大能者」（Mighty One of God）。如果有「最受尊崇天使獎」，加百列很可能輕輕鬆鬆就能奪下該獎項。他總是帶來重大消息，而且通常都是大好消息。

加百列在聖殿的至聖所裡，向撒迦利亞顯現並告訴他，他的禱告已蒙神垂聽（那通常都是好消息），他會有一個兒子。而且，這個兒子不一般，他是基督的先行者（路加福音1:11-17）。

沒有多久，加百列又去見了一個名叫馬利亞的女子，告訴她一個對全世界而言空前的大好信息：神就要差派祂的獨生愛子道成肉身來到地上，創建一個永恆的國度（1:26-37）。

五百年前，加百列帶給但以理一個較為複雜的信息，它傳達了一些將會震驚世界的未來事件異象。而他在〈但以理書〉九章二十三節捎給但以理的好消息，使我們想起撒迦利亞所聽見的信息，以及我們都渴望聽見的神的回應：「你開始向上帝懇求時，祂就答應你了……」

加百列有好消息要給人，乃是因為他站在正確的位置上得知這些好消息。誠如他告訴撒迦利亞的，「**我是站在神面前**的加百列」。如果你想要報好消息給所愛的人，請常常來到神面前。

無疑地，如果有一天我們在天上看到加百列，絕對會令我們感到震驚。但他向但以理顯現時，似乎更接近一般人的形象。因為但以理曾說：「忽然有一位外貌像人的，站在我面前。」（8:15）他後來還說加百列是「我先前在異象中所見的那位樣貌像人的」（9:21）。

加百列絕對是個稱職的神的使者，無可挑剔。注意他在八章十九節向但以理說明他來此的目的時，是多麼簡潔、大有功效：「我要告訴你在神忿怒審判的後期必要發生的事……」他下一次再出現時，則說：

但以理啊！現在我來，要使你有智慧，有聰明。你開始懇求的時候，就有命令發出……所以我來告訴你……（9:22-23）

同樣地，他也是用簡單的三言兩語就向撒迦利亞說明了他的目的：

我是站在神面前的加百列，奉差遣向你說話，報給你這好消息。（路加福音 1:19）

他也擁有傑出的溝通技巧，懂得用正面、鼓勵的話報信息給人。他告訴但以理，說：「因為你是大蒙眷愛的。」（9:23）再聽一聽他是如何鼓勵馬利亞的：

恭喜！蒙大恩的女子，主與你同在！……馬利亞，不要怕！因你已從神那裡蒙了恩。（路加福音 1:28-30）

加百列也是一個行動者。但以理告訴我們：「我還在禱告說話的時候……加百列，約在獻晚祭的時候，**快速地飛到**我面前來。」（9:21）

米迦勒

米迦勒的名字意思是「有誰像神？」（Who Is Like God?）加百列主要是宣達及訓誡的天使，米迦勒則專責保護與戰鬥。個別的天使似乎也有自己特別的恩賜與職責，如同在基督裡同為肢體的基督徒。

例如，在〈啟示錄〉裡，我們除了看到米迦勒投入於他的戰鬥任務，還讀到有個天使「是有權柄掌管火的」（14:18）、「掌管眾水的天使」（16:5），以及有一位天使「手裡拿著無底坑的鑰匙」（20:1）。顯然，天使和我們類似，全都有自己獨一無二的任務，來執行神純全的旨意。

舊約中只有三處提到這位特別的米迦勒天使。米迦勒是神的百姓以色列人的守護者。他在〈但以理書〉被提及三次，形容他的稱謂一次比一次更崇高，與以色列人的關係也愈來愈密切：

第一次，他在十章十三節被稱為「護衛天使長中的一位」。

再來，他在十章二十一節被稱為「**你們的**護衛天使米迦勒」。

最後，在十二章一節他是「保護你同胞的偉大護衛天使米迦勒」。

新約提到米迦勒兩次。在〈啟示錄〉十二章七節，他在一場對抗撒但的天上重大戰役中，身先士卒率領其他天使作戰：「天上發生了戰爭：米迦勒和他的天使與龍作戰。龍和牠的天使也起來應戰。」

在〈猶大書〉一章九節他被稱作「天使長米迦勒」。「天使長」這個稱謂意思是「最高的、最重要的、首席的」天使。在聖經中只有米迦勒被冠以這個頭銜（加百列沒有），保羅在〈帖撒羅尼迦前書〉四章十六節，也稱米迦勒為天使長：

> 因為主必親自從天降臨，那時，有發令的聲音，有天使長的呼聲，還有神的號聲，那些在基督裡死了的人必先復活。

我們可能會在耶穌再臨的那一日，聽見米迦勒的呼喊聲。

米迦勒真的凌駕在其他天使之上嗎？也許是，但在〈但以理書〉第十章提到他是「護衛天使長中的一**位**」，已足以阻止我們對此做出武斷的判斷。〈啟示錄〉八章二節則提到「神面前的七位天使」，有可能米迦勒是其中一位，甚至是七位天使中的老大。這是另外一個謎，我們會在後面對此有更多探討。

如果米迦勒確實是天使長，他的名字可謂名副其實：「有誰像神？」這個答案當然是「沒有人」。沒有人可以與神相比擬，連大有能力的天使大軍的統領都不能與神比肩。無論米迦勒贏得多少重大戰役，無論天使做了多麼了不起的事情，我們唯一的敬拜讚美對象只有主，就是那位「**獨**行奇事的（以色列的）神」（詩篇72:18）。

要讓別人認識你的獨特性，取個富有意義的名字或稱號確實是個好方法。這當然也適用於天使——他們是信使、執政掌權者、萬軍、聖者、神的眾子、守望者、孜孜不倦的守護者、燃燒者和閃耀者、活物和以身作則的長老——但他們依舊無法與神相提並論。

那麼，你我又如何呢？我們的稱號有真實反映出我們是怎樣的一個人嗎？當然囉！因為我們是聖徒、基督徒（「小基督」或「屬基督的人」）、信徒、主內的弟兄姊妹、神的兒女、門徒，還有許許多多其他稱謂。

但這部分已有另外一本書加以詳述了。

第9章

最偉大的天使

《天使的啟示》，威廉・布雷克（William Blake）的作品，十九世紀。

在眾天使中，有一位天使超群絕倫。

我們現在面臨到一個研究天使的最大之謎：那位被稱為「耶和華的**使者**」（the angel of the Lord）的天使，究竟是什麼身分。

你肯定已經注意到，舊約中有個在說話的「天使」往往直接與神劃上等號。這個天使不僅奉主耶和華差派，而且就是主耶和華本身。

我們要再次查考聖經，這次要將心智的鏡頭聚焦在這個問題上：有沒有可能這是主耶和華自己向人顯現？

是神，還是天使？

我們現在回到那條曠野路上，有個女人跪在附近一處水泉邊。她是夏甲，亞伯蘭的妻子撒萊的埃及婢女，「**耶和華的使者**在曠野的水泉旁邊……遇到了她」（創世記16:7）。

在他們的對話中，天使允諾她說：「**我**必使你的後裔人丁興旺，多到不可勝數。」（16:10）聽起來像是直接出於神的話語。當夏甲聽到這個承諾時，她認為眼前這個說話的人是誰呢？十三節告訴我們：

> 於是，夏甲給那對她說話的耶和華，起名叫「**祢是看顧人的**神」，因為她說：「在這

裡我不是也看見了那位看顧人的嗎？」

他是天使，還是神自己呢？

讓我們現在來攀登摩利亞（摩黎雅）山，此時距離夏甲當時沒有多少年。在山頂，亞伯拉罕遵照神的指示，準備拿起刀宰殺被綁在祭壇上的男孩。那正是他疼愛的兒子以撒。亞伯拉罕抬起手臂——

耶和華的使者從天上呼叫亞伯拉罕，說：「亞伯拉罕，亞伯拉罕！」……不可在這孩子身上下手。（22:11-12）

這位天使馬上告訴亞伯拉罕，說：「現在我知道你是敬畏**神**的了，因為你沒有留下你的獨生子不給**我**。」於是，滿心感激的亞伯拉罕換上其他祭牲獻在祭壇上，用一隻公綿羊代替他的兒子。然後——

耶和華的使者第二次從天上呼叫亞伯拉罕，說：「耶和華說：『我指著自己起誓，你既然作了這事，沒有留下你的獨生子，我必定賜福給你……』」（22:15-17）

他究竟是天使還是神自己呢？幾年後，以撒的兒子雅各告訴家人他做的一個夢。

神的使者在夢中對我說：「雅各。」我說：「我在這裡。」他說：「……**我就是**伯特利（貝特耳）的**神**，你曾經在那裡用油膏過石柱，又在那裡向**我**許過願。現在你要起程，離開這地，回到你的親族那裡去吧。」（創世記31:11-13）

出現在雅各夢中的是天使，還是神呢？

不過，雅各還會做更多關於這個天使的夢。他後來依照天使的指示返回故鄉，有一晚他露宿在雅博（雅波克）河岸。在此之前，約莫入夜後不久，他就先讓家人和所有攜帶的財貨渡過雅博河。出於神的有意安排，雅各留在後面。「只留下雅各一人，有一個人來與他摔角，直到天快亮的時候」（32:24）。

這個有耐心的摔角手是誰？

先知何西阿（歐瑟亞）告訴我們，那是一個「天使」，何西阿簡要地概述了那一晚發生在雅各身上的事：「他與天使角力，並且得勝；他哀哭，向他求恩。」（何西阿／歐瑟亞書12:4）

〈創世記〉對此有更詳盡的描述。與雅各摔角的「**人**」「見自己不能勝過他，就在他的大腿窩上打了一下。於是，雅各與那人摔角的時候，大腿窩脫了節」（32:25）。天快亮的時候，那「人」給了雅各一個新的名字——以色列，意思是「他**與神**較力」。

然後，雅各說：「請把**你的名**告訴我。」這個「人」沒有回答雅各的問題，而是「他就在那裡給雅各祝福」。

沐浴在晨光中，筋疲力竭的雅各現在又瘸了腿，說：「我面對面看見了**神**，我的性命仍得保全。」

雅各看見的那個「人」是天使，還是神呢？

四百年後，摩西在「曠野的盡頭」牧羊，這裡靠近何烈（曷勒布）山，也就是神的山。這個時候，「**耶和華的使者**從荊棘叢裡的火燄中向摩西顯現」（出埃及記3:1-2）。然後，「神就從荊棘叢裡呼叫他」（3:4）。摩西終生不會忘記這個「天使」告訴他的話：

> 我是「自有永有者」……這就是我永久的名字……你去召集以色列的長老，對他們說：「耶和華你們祖宗的神，就是亞伯拉罕的神、以撒的神、雅各的神，向我顯現……」（3:14-16）

他是神或天使？

再過四百年後，在以色列一個名叫瑣拉（祚辣）的城市，「耶和華的使者」向一個名叫瑪挪亞的男人不孕的妻子顯現。這位天使允諾她會懷孕生下一個兒子（他就是參孫）。

當她把這個好消息告訴丈夫時，稱這個使者為「神人」，說：「他的容貌像神使者的容貌，非常可畏，我沒有問他從哪裡來，他也沒有告訴我他的名字。」（士師記13:6）沒多久，這個天使再次顯現。這次瑪挪亞也看到了，但他「不知道他是耶和華的使者」（13:16）。

> 瑪挪亞問耶和華的使者：「你叫什麼名字？到你的話應驗的時候，我們好把尊榮歸你。」耶和華的使者對他說：「你為什麼問我的名字呢？我的名是奇妙的。」（13:17-18）

瑪挪亞遵照天使的指示，準備了一隻小山羊，放在石頭祭壇上獻給耶和華。

> 瑪挪亞和他的妻子一直在觀看。火燄從祭壇上往天升起的時候，耶和華的使者在祭壇上的火燄中也升上去了；瑪挪亞和他的妻子看見了，就俯伏在地。耶和華的使者沒有再向瑪挪亞和他的妻子顯現，那時瑪挪亞才知道他是耶和華的使者。
>
> 瑪挪亞對他的妻子說：「我們必定要死，因為我們看見了神。」（13:19-22）

大約同時間，耶和華的使者還展開了一趟穿越以色列的縱貫之旅，向全以色列傳達一個迫切的信息。因為直到那時，以色列人對於自己的敗壞毫無警覺，沒有將境內異教徒的祭壇拆除。出於神的憐憫，祂竭盡所能吸引祂的百姓的注意力：

耶和華的使者從吉甲（基耳加耳）上到波金（波津）來，說：「我曾經把你們從埃及領上來，帶你們到我向你們列祖起誓應許的地方……你們竟沒有聽從我的話……

作為對以色列人的懲罰，天使警告他們說，他不會把這些異教徒從以色列的土地上趕出去，而是留下他們成為以色列人「肋旁的荊棘」。

耶和華的使者對以色列眾人說這些話的時候，眾人就放聲大哭。於是給那地方起名叫波金；他們在那裡向耶和華獻祭。（士師記 2:1-5）

天使的警告在舊約中再三應驗。「耶和華的使者」於焉出現，或是責備、或是引領，或是鼓勵以色列人。他向在酒醡那裡打麥子的基甸顯現，還有神降瘟疫懲罰以色列時期的大衛，以及先知以利亞和撒迦利亞，甚至是向巴蘭的驢子顯現。是耶和華的使者趁夜殺了在耶路撒冷城外紮營的亞述軍隊士兵，高達十八萬五千人。

在這些經文裡，人們（和驢子）真的看到**神**了嗎？

但聖經說得很清楚：不論男女，**沒有人可以得見神**。主耶和華在曠野親口告訴摩

西：「你不能看我的臉，因為**沒有人看見了我還能活著**。」（出埃及記33:20）

耶穌在宣告自己與神的獨一無二關係時，也說了一樣的話，祂告訴猶太人：「只有從神那裡來的那一位，祂才見過父。」（約翰福音6:46）

保羅也據此來教導，他稱主為「那看不見的神的形象」（歌羅西書1:15），並稱頌祂「住在不能接近的光裡，**沒有人見過祂，人也不能看見祂**。」（提摩太前書6:16）

使徒約翰也認同這個觀點。他說了兩次「從來沒有人見過神」，第一次是在他寫的福音書裡（約翰福音1:18），後來是在他寫的第一部書信中（約翰一書4:12）。

摩西小心翼翼地提醒以色列的百姓，當主耶和華在西乃山上從火中和雷聲中顯現那日，「耶和華……對你們說話的那一天，**你們沒有看見什麼形象**」。神不能被看見。

那麼，誰是那位「耶和華的使者」？

耶和華的使者在某些方面似乎與神**有別**，但這個謎樣的事實卻是不可否認的，就是他顯然也**等同於**神而且就**是**神——因此，他截然不同於其他天使。

你可能會馬上反應說，既然如此，這一章就不該放進探討天使的書中。其他人可能也會同意你。薛佛提醒我們，「耶和華的使者」這個頭銜——

> 只屬於神，而且被用於神在地上顯現時，**因此絕不適用於天使**。

艾利克森則寫道：

所以，從耶和華的使者的屬性得出的推論，無法套用在全體天使身上。

透過審視耶和華的使者，我們無異於以某種方式來審視神。我們已經知道，神凌駕於天使之上，正如同祂凌駕於其他受造物之上。就某種意義而言，我們從上述所讀的那些驚人經文裡面，看到了耶和華的使者的種種行動和行為，但這並不會讓我們了解天使比對了解我們的毛毛蟲朋友更多。

然而在這些經文中，神確實使用了「天使」一詞來表明祂自己這種特別的彰顯方式。因為本書的最大宗旨不僅是讓我們認識天使，更要幫助我們**透過**天使來認識神本身，所以讓我們再繼續堅持幾頁，把這個主題看下去。

他會是基督嗎？

耶和華的使者肯定不僅是身分特殊的天使而已。父神曾以某種方式化身成人的樣式暫時降臨人間嗎？

還是——既然耶和華的使者以有別於神的樣貌出現在天上，而且又等同於神，看來似乎擁有祂的神性——有沒有可能他就是**基督**？神子、三位一體神中的第二位，是否在他誕生於伯利恆的幾百年前，就曾來到地上、行走在人間？

一些聖經學者和教師勉強得出了上述結論，主要是因為新約對此沒有明確的論述。威爾遜提到，在各種關於耶和華的使者的解釋中，把他視為神子「當然最富誘惑力」，他還說：

但要切記，這些解釋頂多只能算是對這個巨大奧祕的臆測……耶和華使者的顯現……在救主來到時告終，因此之前的顯現只是一個伏筆，一個預備，最終都是為了神要在耶穌基督裡將自己顯明出來。再往前走就有過頭的危險了。

但幾百年來，許多人在查考聖經後，認為再往前走並沒有逾越紅線的危險，一樣安全——包括加爾文，他寫道：

我傾向支持古代作家的論點，他們在文章中指出，向亞伯拉罕、約伯和摩西顯現的耶和華的使者，據說就是基督。

「根據所有的證據，」狄克森說道：「耶和華的使者似乎是道成肉身前的神子。」

「基督，」薛佛寫道：「就是耶和華的使者。」葛培理牧師如此寫道：

> 我們沒有立場質疑早期傳統基督徒的解釋，就是三位一體神中的第二位在道成肉身前在這些場合中顯現。

現在來看看我們自己找到的一些證據，而不是其他人的說法。

首先，我們知道耶穌基督永恆長存。祂的生命不是始於伯利恆。基督「太初與神同在」（約翰福音1:2）。「亞伯拉罕出生以前，我已經存在了。」耶穌如此告訴猶太人（8:58）。耶穌「在創世以前」就在神的面前得到榮耀（17:5），「在創立世界以前」，父已經愛基督了（17:24）。

因此，我們知道基督至少在舊約時代就能大顯身手，活躍於神的事工中。

現在，讓我們來思考基督與聖父和聖靈之間的分別。在三位一體神中，最常向人顯明神之存在的，就是第二位格（基督）。

我們已經在前面看到，聖經告訴我們沒有人能看見父神。同樣地，三位一體神中的第三位格（聖靈）也與人眼看不見的事工有關。聖靈如風，「風隨意而吹，你聽見它的響聲，卻不知道它從哪裡來，往哪裡去」（約翰福音3:8）——耶穌的意思是信徒會知道聖靈內住在他們心中，但聖靈本身卻向他們和世人隱身，「世人不能接受祂，因為看不見祂，也不認識祂」（約翰福音14:17）。

但聖經強調，三位一體神中的第二位格化身成肉身，亦即神以人類的樣貌出現。「祂的名要叫以馬內利。以馬內利就是『神與我們同在』的意思」（馬太福音1:23）。祂是「在父懷裡」的獨生子，又「把祂彰顯出來」（約翰福音1:18）。「祂在肉身**顯現**」，而且「被天使**看見**」（提摩太前書3:16）。

約翰用他的五感來描述耶穌：

> 論到太初就已經存在的生命之道，就是我們所聽見，親眼所看見，仔細觀察過，親手摸過的……我們見過了，現在也作見證。（約翰一書1:1-2）

有一天，「他們要看見人子，滿有能力和榮耀，駕著雲降臨」（馬可福音13:26）。

在我們看來，基督就是神。基督是可見、可觸和可知的神。在舊約裡，耶和華的使者的工作與此一致。連耶和華的使者的個性似乎也與我們所知的耶穌一致。耶和華的使者向基甸所說的話中，有些用字遣詞使我們想起基督在四福音書裡告訴門徒的話：「我不是差派了你嗎？」（士師記6:14）、「我必與你同在……」（6:16）、「你放心好了，不要怕……」（6:23）

在舊約的最後一卷書——基督來到地上之前的最後一卷書——當中，神所應允的彌賽亞（默西亞，救世主之意）被描述為「你們所愛慕立約的使者」（瑪拉基書／馬拉基亞3:1）。在希伯來語中，「使者」這個字一般譯為「天使」，所以〈瑪拉基書〉中的這個用語經常被譯成「立約的**天使**」（the angel of the covenant）。在舊約過渡到新約前的最後一卷書裡，使用這個稱號可以把「耶和華的使者」與基督連結在一起。基督可以是「耶和華的使者」，正如他就是「立約的天使」一樣明確。

聖經裡另一處提到這個議題的段落，是〈哥林多前書〉十章一到四節。保羅想起跟著摩西離開埃及的希伯來人，回想起神的百姓在那段年日的經歷：我們讀到「神的使者」在旅途中一路陪伴著他們，用雲柱和火柱引領他們（出埃及記14:19）。在西乃山上，主耶和華允諾他們：「**我的**使者必在你前面走，領你到……那裡去。」（23:23）注意看神是怎麼說這位忠實可靠的嚮導的：

> 我將要差遣天使在你前面，在路上保護你，領你到我所預備的地方去。**我的名在他裡面**，你們在他面前要謹慎，聽從他的話，不可違背他，因為**他必不赦免你們的過犯**。（23:20-21）

這位天使肯定凌駕在一般的天使之上，因為神的「名字」在他裡面。而且，他也可以赦罪：「除了神一位以外，誰能赦罪呢？」（馬可福音2:7）

保羅回想起希伯來人在曠野的際遇，他使用屬靈名詞來描述這段經歷：

（我們的祖宗）都曾經在雲裡在海裡受洗歸於摩西。他們都吃了一樣的靈糧，都喝了一樣的靈水；他們所喝的，是從那隨著他們的靈磐石那裡來的，這磐石就是基督。（哥林多前書 **10:2-4**）

這個在曠野中伴隨以色列人的「靈磐石」，保羅說**就是基督**。

在第一個復活節傍晚時分，革流巴（克羅帕）和他的朋友走在從耶路撒冷往以馬忤斯（厄瑪烏）的路上，他們沒有認出朝他們走近並與他們同行的正是復活的耶穌，耶穌在路上向兩人「把**所有關於自己**的經文，都給他們解釋明白了」——那個下午，耶穌可能就下面這些事件做了闡釋，包括：他曾在一條曠野路上的某個水泉旁承諾夏甲、阻止亞伯拉罕殺死自己的兒子、從燃燒的荊棘叢中向摩西說話，還有曾當著瑪挪亞夫婦的面從火焰中升起，甚至向一頭受到驚嚇的驢子與其毫無戒心的主人揮劍。

神同在

但這究竟是不是耶穌，對我們來說有什麼差別？

首先，這向我們顯明了神的愛。在舊約時代，聖經還不完備，神子尚未履行以自己的性命為獻祭的事工，聖靈內住的事工也尚未發生，教會當然也就不會誕生（我們生活在今天，何其蒙恩能享有這一切！）。

但神的愛透過耶和華的使者的事工，還給了祂的百姓一個特別的恩典。神**深切憐憫**他們的處境，因此祂做了一件事，以賽亞對此的生動描述深入人心：

> 在他們一切苦難中，祂也同受苦難。**從祂面前差派的使者拯救他們**。在祂的慈愛和憐憫裡，祂保護了他們；在古代綿長的日子中保抱他們、懷搋他們。（63:9）

在舊約歷史中的許多關鍵時刻，像是：當以色列這個國家誕生的種子萌生於亞伯拉罕、以撒和雅各的生命中；當希伯來人在摩西的帶領下脫離為奴的命運，橫越曠野；他們來到神所揀選的應許之地定居，面臨許多考驗和敵人的攻擊等等，神都以祂的使者的身分出現在當中，以祂的慈愛引領祂的百姓。

耶穌基督誕生後，耶和華的使者就不再顯現——這進一步證明了耶穌可能就是那位天使。這個事實也教導了我們，三件至關重要的事——基督道成肉身、聖靈的事工、整本聖經——都是出於神的啟示。這三件事如今既已實現，我們也就不再需要耶和華的使者了。

我們尤其要明白，基督不能以耶和華的使者身分拯救我們。基督要完成對我們的救贖，祂必須道成肉身。祂必須成為**我們的一員**——而不是天使。

兒女既同有血肉之體，祂也照樣親自成了血肉之體，特要藉著死敗壞那掌死權的，就是魔鬼，並要釋放那些一生因怕死而為奴僕的人。（希伯來書 2:14-17）

看來，在舊約裡，基督很有可能以天使——最偉大的天使的形象——來到地上。而更不容否認的絕對可信史實，就是在新約裡，基督化身成人——有史以來最偉大的人物——來到地上，神自己就住在我們當中。

第10章

跟天使學敬拜

《聖母、聖嬰與四位天使》，傑拉德．大衛的油畫作品，十六世紀。

賴瑞・利比（Larry Libby）寫了一本充滿智慧的溫馨童書《天使在某處》（*Somewhere Angels*），他在書中特別告訴孩子（和他們的父母），我們可以跟天使學習兩件重要的事。

一件是：「我們可以學習如何全心全意敬拜主。」

利比提到，天使不僅全心敬拜主，而且無時無刻不在敬拜主：

> 我認為，天使從他們打開眼睛，看見神微笑的那一刻起，就一直在敬拜神，從不間斷……
>
> 還有一群特別的天使，他們環繞神的寶座，時時刻刻都在頌讚神的名字，永不歇息。他們不會晚上回家，因為天上沒有夜晚——即使有，他們也不想離開神的身邊。他們的職責和渴望，就是永永遠遠大聲頌讚神和唱出對神的讚美。

耶穌說過，天使「在天上，常常見到我天父的面」（馬太福音18:10）。我確信他們時時刻刻凝視神的面，自然會對神做出許多豐富精彩的真實**敬拜**。能夠參與其中，不是很令人興奮雀躍嗎？

這些年來，教會所貽誤的事情中，最嚴重者非敬拜莫屬。如果人類存在的主要目的是把榮耀歸給神，那麼撒但已經成功轉移我們的注意力。現今，許多敬拜場合徒有敬拜之名，實則已經完全走調。我們對於何謂真實地敬拜神，缺乏正確的認識。

天使可以幫助我們重新發現敬拜的真諦。

我們在聖經中第一次遇見天使時，他們正站崗守衛地上伊甸園的出入口，防止亞當和夏娃接近生命樹。但在幾百頁後，我們來到〈啟示錄〉最後一章，約翰在一位天使嚮導的帶領下，遊覽天堂，正中央就長著茂密的生命樹。遊覽結束後，天使告訴約翰：「**敬拜神！**」

在〈創世記〉伊甸園和〈啟示錄〉新耶路撒冷城之間的聖經經文，有許多關於天使敬拜的描述。天使的敬拜是真實的敬拜。我們有許多地方要跟他們學習。

天使的敬拜如此美好，因為他們總是完全順服神，而敬拜正是神對他們（也是對我們）的命令之一。我們確實在〈希伯來書〉一章六節聽到神命令每一個天使都要敬拜祂的愛子耶穌基督：

> 神差遣長子到世上來的時候，又說：「神所有的天使都要拜祂。」

天使生活在神的面前，眼目始終聚焦在神身上，而由此散發出他們威嚴可畏的氣質。過著這種生活，除了陶冶出充滿威嚴和令人生畏的特質，他們怎麼可能還會有其他特質呢？我很好奇，如果我們每晚都在神榮耀的寶座旁安歇，置身於祂的完全同在之中，那當我們進入到世界做神的工時，你我會是什麼樣子？

我接觸過的一些人就是如此，你碰過這樣的人嗎？跟他們談話的時候，你會猶豫著該說什麼才好。他們身上流露出與眾不同的氣質，所以你得出的結論就是〈使徒行傳〉四章十三節對於使徒的結論——他們是「跟過耶穌的」。他們只想談論主耶穌，他們驅使你也想要更多地想到耶穌。

或許，他們從某個天使身上學會了一些功課，譬如陶恕所思考的這個天使：

如果有個已經在火海沿岸度過幾百年歡樂時光的守望者或聖者來到地上，聽到這個忙忙碌碌的人類種族無止無休的喋喋不休，在他聽來，這些不過是空洞、無意義的誇誇其談……

像他這樣的個體在地上說話，會不提到神嗎？他對神性的熱切描述難道不會深深吸引聽者，讓他們聽得入迷嗎？聽了他的講話，我們對神學、神的教義之外的言論還有胃口嗎？這難道不會促使我們更加需要這種敢於向我們傳講，他們是從神聖的異象山向我們說話或是全然緘默的人嗎？

當我們來到聖經中「神聖的異象山」，我特別想到天使所教導給我們的兩大敬拜功課：**懷著敬畏的心**敬拜神，和**盡情自由**敬拜神。

對神的敬畏之心

還記得〈詩篇〉八十九篇七節嗎？神的聖潔天使不僅是畏懼祂，還是**大大**畏懼：

祂在眾聖者的會中大受敬畏，祂的威嚴無與倫比。

聖經在這處經文裡，使用了「敬畏」一詞，這個詞你已經在本書中頻頻看到。遺憾的是，由於敬畏一詞在我們的文化中遭到濫用和誤用，幾乎已經失去了這個詞曾有的力量。就「敬畏」的舊有意涵而言，沒有其他更好字眼可以用來形容那些經常出現在本書的景象。

「敬畏」的意思是「既恐懼又崇敬，一種面對充滿威嚴和崇高事物時所產生的感受」。請把這個經典含義謹記在心，當你想像天使在他們天上的「議會」中環顧四周，乃至極目遠眺宇宙的地平線，再怎麼遠觀都看不見有任何事物和個體敢接近神令人畏懼的威嚴時，更要如此。他們深知神的聖潔何其威嚴、何其崇高——令人敬畏的聖潔。因此他們對神「既恐懼又崇敬」。

在整本聖經中，最精彩的天上敬拜出現在〈啟示錄〉。天使在此展現了他們對神的崇敬，而且總是樂此不疲一做再做。四活物「晝夜不停地說：『**聖哉！聖哉！聖哉！**主、全能的神。』」（4:8）「每逢」四活物獻上敬拜讚美，「二十四位長老就**俯伏**在坐在寶座上那一位的面前，敬拜那活到永永遠遠的，又**把他們的冠冕放在寶座前**」（4:10）。

在約翰的異象中，基督從神手中取了封上七印的書卷後，「四個活物和二十四位長老就**俯伏**在羊羔面前」（5:8）。接著，有更多唱歌讚美的聲音發出，「四個活物就說：『阿們！』眾長老也**俯伏**敬拜」（4:14）。當六個封印被揭開之後——

> **所有的天使**都站在寶座、眾長老和四個活物的四周。他們在寶座前，**面伏在地上**敬拜神……（7:11）

打開第七印後，七個天使拿著七支號筒，最後一個天使吹號後，「那在神面前，坐在自己座位上的二十四位長老，都**面伏在地上**敬拜神……」（11:16）。

我們從這些經文可以看出，天使就是這樣在敬拜神（也就是我們的主）。如果連神聖可畏的天使都日夜不停大聲頌讚神的聖潔，我們該敬拜幾次才夠？如果連聖潔莊嚴的天使都常常俯伏敬拜神，我們該多常敬拜才夠？

我們對敬拜是否有錯誤的觀念？我們是否嚴重缺乏敬畏神的心？當我們該留意永遠不要逾越對神的分際時，是否正徒勞無功地試圖要與神建立輕鬆自在的關係？

艾利克森寫道：

有些敬拜強調喜樂和信靠，因為信徒與慈愛的天父相交，以致逾越了與神之間該有的分際而變得放肆，竟與神平起平坐，甚至有的更糟，把神當作僕人……在敬拜當中固然需要表達對神的熱情，甚至是對神的狂熱，但卻永遠不能因此而失去對神的尊敬。我們永遠要意識到神是奇妙可畏的神……雖然我們跟神之間具有愛、信靠和坦誠的關係，但我們的地位不是平等的。祂是全能、掌權的主。我們是祂的僕人和追隨者。

就某種意義而言，敬畏就是誠實接納這個事實：神的本質是聖潔的，我們不是。聖潔具有獨一無二、隔絕、無法靠近、不可知、熾烈等特質，我們面對聖潔不可能感到輕鬆自在。

天使習慣敬畏神，因為神就在他們面前。我們必須對神心存敬畏，因為我們有一天也會來到神面前，近距離看見神的聖潔。

我們對「自己將會來到神面前的那個時刻」思考得愈清晰透徹，便愈會敬畏神。當我們接受獎賞的時刻到來，我們會站立在神的面前，向祂報告我們在地上作為祂的兒女完成了哪些祂所交付的責任。無論我們目前有什麼計畫或打算、我們在做什麼或說什麼，要不有益於神的國度，要不毫無建樹。至於是前者還是後者，最終都會在我們站在祂面前的那一天，真相大白。

保羅說「我們既然知道主是可畏的」，是緊接在以下警告之後：

> 因為我們眾人都必須在基督的審判台前顯露出來，使各人按著本身所行的，或善或惡，受到報應。（哥林多後書5:10）

我們將來在基督的審判台前受審的標準，乃是依據聖潔神的絕對標準。因此，我們敬畏祂。

但我們不是只有在這個時候敬畏神，對神的敬畏會一直持續，不只在天上，在審判過後也一樣。一幕更盛大的敬拜場面出現在〈啟示錄〉十九章，在二十四位長老和四活物高喊「哈利路亞」之後，有聲音從神的寶座上發出，對得救的神的百姓說：「所有神的僕人哪！凡是**敬畏祂**的，無論大小（尊貴卑微），你們都應當讚美我們的神！」即使在永恆裡，我們仍然會是心懷感恩的得救人類，以正確的態度全然敬畏神。

我們在前面很快地看了一下〈詩篇〉九十九篇，它是對「坐在兩個基路伯之上」的神的頌讚。這首簡短的詩歌三次提醒我們神的一項特質：「祂是**聖潔**的」（99:3）、「祂是**聖潔**的」（99:5）、「耶和華我們的神是**聖潔**的」（99:9）。基路伯天使明白這個真理。我們也必須了解這一點，而敬畏神。

「據悉，在昔日，信心堅定的人都是『走在對神的敬畏中』和『敬畏服事神』，」陶恕提醒我們：「無論他們與神的交流有多親密，他們的禱告有多麼大膽，他們信仰生活的根基乃是建立在『神是大而可畏的神』這個觀念上。」陶恕所說的這種「療癒性的敬畏心」，我們為什麼會失去、又是怎麼失去的呢？

我們熱切渴慕智慧，於是汲汲尋求人生知識，卻忘記聖經已經給了我們唯一要得到智慧的鎖鑰：「敬畏耶和華是智慧的開端，認識至聖者就是聰明。」（箴言9:10）

在〈詩篇〉三十六篇，大衛所發現的第一個惡人，罪過就是「他眼中也不怕神」。這可能也會是天使在我們的敬拜中找到的第一個過失——而「為天使的緣故」（哥林多前書11:00），這也是我們應該修正的第一個過失。

自由地敬拜

儘管天使全然敬畏神，我們卻感受不到他們因此陷入癱瘓的恐懼中。反之，他們在敬拜中展現了極大的自由。他們以神喜悅的敬拜方式，自由地敬拜神。

讓我們再次思索以下聖經中的場景，這次留意天使在與神的關係中，他們所展現出來的活力、行動和情感的暗示。

在以西結的異象中，他看見「靈往哪裡去」，基路伯天使就往哪裡去（1:12），以及「**往來奔走**，好像閃電」（1:14）。

雅各在夢中，看見有天梯通往耶和華所在的天上，天使在上面**上上下下**（創世記28:12）。耶穌則形容天使「在人子的身上，**上去下來**」（約翰福音1:51）。

在〈約伯記〉三十八章七節，天使看見神的工作而一起**高歌**、**歡呼**。在〈希伯來書〉十二章二十二節，描述有千萬天使**歡喜聚集**。

綜觀整卷〈啟示錄〉，我們不只看見天使持續大大尊崇神和羔羊，也看到他們盡情自由地敬拜讚美神。

在〈啟示錄〉五章八到九節，四活物和二十四位長老都手持豎琴，約翰聽見他們「唱著新歌」。

最令人印象深刻的畫面之一，出現在〈啟示錄〉第七章。許許多多得到基督救贖的人（身穿白衣，手拿棕樹枝）頌讚神之後，天使、活物和長老再次攜手進行另一回合的頌讚。我們聽見他們高聲敬拜讚美的聲音，猶如洪鐘或禮砲發射的巨響：

阿們！願頌讚、榮耀、智慧、感謝、尊貴、權能、力量，都歸給我們的神，直到永永遠遠。阿們！（7:12）

當約翰凝視這幅異象，他原本以為後面不會再有更精彩、更充滿力量、更歡欣快樂的敬拜了。但敬拜的氛圍和情緒愈來愈高昂。

在〈啟示錄〉十九章，天上四次傳來高喊「哈利路亞！」的頌讚聲，洋溢著喜樂。當羔羊的婚筵宣布後，他們向神呼喊，說：「我們要歡喜快樂，把榮耀歸給祂！」羔羊的新娘有「光潔的細麻衣」可以穿上，更是讓他們雀躍不已。天使知道新娘穿的細麻衣代表了「聖徒的義行」，因此分享了我們的喜悅而歡欣鼓舞。

難怪，約翰此時不禁雙膝跪下，想要敬拜向他展現這一切的天使。

這幕景象是多麼自由、多麼喜樂——這讓我們不禁想到，是神為我們所做的事情帶來了這一切！所以，我們受造不也該為此而深深敬拜神嗎？如果天使為我們歡欣而高喊「哈利路亞」，我們當然也可以在我們的敬拜中，自由地這樣呼喊。

成熟的信徒深知一顆充滿感恩的心，是帶出自由敬拜的最好沃土。但表達對神的感謝，不是只保留給得救之人的專利。我們在十一章十六到十七節看到二十四位長老為我們展現了他們對神的感恩。他們向神俯伏敬拜，說：

> 主啊！全能的神，昔在今在的，我們感謝祢！因為祢你執掌了大權，作王了！

如同詩人在〈詩篇〉九十九篇，藉著提醒我們神的聖潔，來喚起我們要以敬畏的心來敬拜神。〈詩篇〉一百篇以「全地應當向耶和華**歡呼**」來開始，熱情地邀請我們要「**歡歡喜喜**事奉耶和華」、「**歡唱**著到祂的面前」以及「充滿**感恩**進入祂的殿門」。

如同我們因著神的聖潔而敬畏神，我們也因著神的良善和信實的愛，在神裡得自由和感謝神。這首詩最後總結道：

要感謝祂，稱頌祂的名。因為耶和華本是美善的，祂的慈愛存到永遠，祂的信實直到萬代。

天使自由翱翔

基路伯天使給了我們另一幅天使得釋放的敬拜畫面。神特別指示摩西，約櫃的施恩坐上的基路伯天使像，要「展開雙翼」（出埃及記25:20）。幾百年後，約櫃從會幕移到所羅門王興建的聖殿，設立在至聖所中高約四．五公尺的巨大基路伯像，也被打造為「翅膀是張開的」（列王記上6:27）。翅膀的功用是飛行，基路伯的翅膀則給了神的百姓一幅在神面前自由飛翔的意象。

當我們經由以西結的異象遇見真實的基路伯天使時，終於恍然大悟為什麼基路伯雕像的翅膀會如此設計，「牠們向上展開翅膀」（以西結書1:11）。翅膀是可活動的肢體，在以西結的異象中，最令他難忘的事情之一，是基路伯翅膀拍動發出的巨大聲響。巨大聲響總是讓他想到神：

● 活物走動的時候，我聽見牠們翅膀的響聲，像洪水的聲音，也像全能者的聲音，又像軍隊喧嚷的聲音。（1:24）

●基路伯的翅膀發出的聲音在外院也可以聽到，好像全能的神說話的聲音。（10:5）

基路伯在神的面前，不但沒有嚇到全身僵硬而行動癱瘓，反而全然敞開，盡情地自由、活潑（和大聲！）敬拜。

出現在〈以賽亞書〉第六章、有六個翅膀的撒拉弗天使，或許也展現了相同的情景。以賽亞說，他們翅膀中的兩個用於「飛翔」，他們的飛翔除了展現在執行任務上，也表現在自由敬拜上。

馬太．亨利在詮釋這處經文時，問了一個問題：

> 如果天使為了我們的益處，展翅從天上來到地上服事我們，難道我們將來不會展翅從地上飛到天上，與他們一起分享他們的榮耀嗎？

當我們盼望在主裡重新得到力量時，我們也「必像鷹一樣展翅上騰」（以賽亞書40:31）。只要我們的心、手和聲音不被自己和所處的文化所壓抑，就能隨時在敬拜當中（或其他任何時候）展翅上騰。

神現在希望我們遵守的原則是「那使人自由的全備的律法」（雅各書1:25），在這樣的自由中，我們一定能自由「向天上的神，誠心舉手禱告」（耶利米／耶肋米亞哀歌

3:41），因為「主的靈在哪裡，哪裡就有自由。」（哥林多後書3:17）。

召喚天使敬拜

所以，天使可以幫助我們敬拜。那麼，我們可以幫助天使敬拜嗎？

或許可以！

在〈詩篇〉裡，詩人偶爾會召喚天使頌讚神。大衛在〈詩篇〉二十九篇和一〇三篇就如此做：

- **神的眾子啊**！要歸給耶和華，你們要把榮耀和能力歸給耶和華。要把耶和華的名的榮耀歸給祂，要以聖潔的裝束**敬拜耶和華**。（29:1-2）
- **你們作祂天使的**，就是那些大有能力，行祂所吩咐，以及聽從祂命令的，**都要稱頌耶和華**。你們作祂的眾軍，作祂的僕役，遵行祂旨意的，都要稱頌耶和華。（103:20-21）

〈詩篇〉一八四篇的無名氏作者，也提出了相同要求：

> 你們要從天上讚美耶和華，在高天讚美祂。祂的眾使者啊！你們要讚美祂；祂的眾軍啊！你們也要讚美祂。（148:1-2）

天使真的會聽從區區一個人類所發出、要他們讚美神的要求嗎？為什麼不會？利比在《天使在某處》裡就說了：「天使會為任何理由來讚美主，而且樂在其中。」

或許，神在創造天使的時候，賦予了他們某種特質。神知道敬拜對天使而言是多麼興奮和心滿意足的事，祂或許曾告訴他們：「因為我在我地上的百姓心中工作，所以他們大聲用聖經經文召喚你們來頌讚我，我欣然允准你們有此特權來回應他們的要求。你們可以按照他們的指示，向我唱出更動聽、更大聲的讚美之歌！」

或許，這值得一試。放手去做吧，找個時間仰起頭，要求天使用更大的熱情來敬拜神。但請你自己也務必要這麼做。

火與風再次登場

想要向天使取經、學到更多的敬拜精神，我們可以再次回到火與風，這是神在〈詩篇〉一〇四篇和〈希伯來書〉第一章中所給我們的天使意象。

在我們的敬拜中，火提醒我們要敬畏神。就像天使一樣，我們敬畏神，因為我們的神是烈火。祂的聖潔烈焰引領我們要向神交帳，還有敬畏祂。

同理，在我們的敬拜中，風提醒我們要自由敬拜，也要想起聖靈。就像天使一樣，我們希望在聖靈帶領的敬拜中如風般自由，如和風般奔放。因為「風隨意而吹」，「凡從聖靈生的，也是這樣」（約翰福音3:8）。神使人展翅翱翔的愛，會引領我們進到感恩和自由中。

在敬拜中要保持平衡，要愛慕神，心被雙重的情感所充滿：敬畏和自由。火與風。神偉大的聖潔和慈愛。

當你明天早上獨自敬拜、與主相遇的時候，記得盡情沉浸在這種雙重性的敬拜中。當你下星期日來到神的家中，在教會裡敬拜時，也要記得這種雙重性的敬拜。你無法使其他一起敬拜的弟兄姊妹進到更深的敬拜中，但你可以向自己的心負責，比起之前的集體敬拜，你可以更加充分地預備你的心，與神相遇。

這樣做會讓你未來更能適應天上的生活，與天使一起、向神發出完美的頌讚。

第11章

天使的工作精神

《天使的胸像》，菲利皮諾．利皮的油畫作品，十五世紀。

根據利比寫的童書《天使在某處》，我們可以效法天使的另一個有益功課是：「學到快速順服神所帶來的巨大喜樂。」

聖經向我們顯示撒拉弗和基路伯天使的翅膀，加爾文對此的看法是：「這是為了配合我們。是為了使我們確信，如有需要，他們會以閃電般的不可思議速度，火速來到我們身旁幫助我們。」

天使的火與風屬性再次使我們聯想到一幅鮮明的畫面：天使對神差遣的工作不僅全然順服，而且殷勤如火，迅疾如風。天使精通神所差派的任務，就像他們精通敬拜一樣。

神可以倚賴他們，我們也一樣。他們在工作上不會敷衍了事、偷懶或怠忽職守。

當大衛在〈詩篇〉一〇三篇召喚天使來稱頌神時，他稱他們「就是那些大有能力，**行祂所吩咐**，以及**聽從**祂命令的……作祂的僕役，**遵行祂旨意的**」。

天使全神貫注在他們的工作上，甚至連他們的顯現也視任務而定。神差派天使來服事我們，他們視神所賦予的任務性質而定，或是向人隱藏，或是以普通人的樣貌出現，或是以其他更威榮的面貌顯現。他們的**形貌**，取決於他們的職能，也就是他們所做的事情。誠如威爾遜所言：「總之，天使就是他們**任務的化身**。」

我們要再次回想〈希伯來書〉一章十四節。這是一節意涵豐富的經文，我們可以從每句經文中獲得有關天使工作的真理、含意和反思：一、天使受**差派**（這意謂他們被賦予任務）；二、他們受差派來**服事**（服事即**服務**，服務又意謂**工作**）；三、**所有**天使都受差派（他們當中沒有一個是遊手好閒的）；四、他們只服事**那些相信神、將要得到基督救恩的人**（他們的勞動是為了我們的益處）。

馬太．亨利根據大衛所寫的〈詩篇〉三十四篇七節詩句——「耶和華的使者，在敬畏祂的人周圍紮營」——來評論天使的一些工作面向。他注意到神使用天使——

> 來保護祂的百姓不受惡謀和邪靈的力量所害；天使每天所給予我們的幫助比我們所知的還多。
>
> 雖然就本質而言，天使的尊貴和能力都遠強於我們……雖然他們在天上有固定的頌讚神服事，也有權享受固定的休息和天上福樂——但基於順服他們的創造者，以及愛那些有祂的樣式的人，他們屈尊來服事虔誠的信徒，挺身對抗黑暗勢力以保護他們；天使不僅造訪他們，還在他們周圍紮營，在必要時為了他們的益處而行動……

天使得到的指示會因人、因勢而異。天使向但以理顯現，告訴他要把他所領受的異象和預言「封住」（但以理書8:26、12:4），因為「那是關於將來許多的年日的」（順帶一提，學者認為這可能就是但以理為何會以母語希伯來文記下這個異象的原因，本書卷的其他敘述則全以亞蘭文寫就，那是當時巴比倫帝國最普遍使用的語言）。但在〈啟示錄〉裡，跟約翰說話的天使特別告訴他：「不要封住這書上的預言，因為時候近了。」（22:10）無疑地，天使必須小心翼翼地精確執行神的指示。

如同前文所述，天使的意思是「使者」，因此使者似乎成了天使履歷表上的主要工作經歷。而且，天使確實是值得信賴的使者。在〈路加福音〉第二章，牧羊人前往伯利恆尋訪嬰兒耶穌，他們發現眼前所聞所見，完全和「對他們所說的一樣」（2:20）。是誰給了他們如此精確的指示？一位天使。

當天使在〈啟示錄〉裡告訴約翰「這都是神**真實的話**」（19:9）以及「這些話是**可信的、真實的！**」（22:6），我們不會有半點懷疑。天使說的都是真話。

我們之前就看到了這些說真話的使者，如何把神的律法傳達給人類知道，「律法是藉著天使經中保的手設立的」（加拉太書3:19、使徒行傳7:53）。身為聖潔的存在，天使總是全然順服神，他們也許完全理解神所頒布給人類的律法。他們比起你和我都更熟知、明白這些律法。聖經從未表明天使渴望更多知道律法，他們想「詳細察看」的是我們的救贖（彼得前書1:12）。既然身為人類的我們達不到天使所傳達給我們的律法的要求，我確信當他們也受派擔任使者傳達我們的救主要降臨，把我們從律法的咒詛中拯救出來的消息時，也由衷地為我們感到歡欣鼓舞。

天使對我們的另一個服事，記載於〈啟示錄〉七章三到四節。天使在「神眾僕人的額上」蓋印，作為屬主的信徒的印記，以對照那些屬魔鬼的人身上所蓋的「獸的記號」（13:16-17），他們必定要承受神烈怒下的痛苦懲罰（14:9-11）。值得感謝的是，天使會確實徹底執行他們的服事。(想想看，在那天來到時，萬一天使不小心忘了給身為信徒的你蓋印，你不會恨得咬牙切齒嗎?)

我們已經看過很多次，凡是出現在天使身上那些優異的、高貴的或受矚目的特質，都直接歸功於神那些相應的特質。他們在工作上忠心，並非例外。

天使忠實可靠地工作，因為他們看見了神在做祂的工作時，也是這般信實可靠。聖經中一個名叫以探(厄堂)的人對此知之甚詳。你可能會問:「誰是以探?」他不像但以理、約翰和以西結那樣有名，但古今中外沒有人比以探更了解天使——但以理、約翰和以西結是透過他們所看到的異象來了解天使，是三個例外。

以探是以斯拉人，在所羅門時代以智慧聞名(列王記上4:31)。他有可能起初被所羅門的父親大衛指派，擔任會幕音樂團隊服事的領袖之一(歷代志上15:19)，他的頌讚服事有一部分是「敲打銅鈸」。

他也是〈詩篇〉八十九篇的作者，我們曾在前面引用其中的經節，也就是「祂在眾聖者的會中大受敬畏」。以探也特別提到「在聖者的會中，祢的**信實**也要被稱頌」，在引用了天使對神的信實的頌讚後，以探加上了自己的稱頌:

耶和華萬軍之神啊!有誰像祢?耶和華啊!祢是大能的，祢的信實在祢的周圍。(89:8)

以探知道天使對我們信實，因為神對我們是信實的。

一路下來，我們已經在本書看到了許多天使服事的範例——舉凡從守衛伊甸園到供應食物給以利亞，以及潔淨以賽亞不潔的嘴唇、把彼得從監牢救出的火速救援行動，還有讓約翰看見新耶路撒冷城的異象等等，不一而足。我們既然突顯了他們許多辛勞的服事，有必要就其中一些特別的問題作深入探討。

我有自己的守護天使嗎？

神有特別指派一個天使只專門服事**我**一人嗎？

有許多人持肯定答案。守護天使成了美國近期的主流。最近，一本美國首屈一指的權威雜誌就刊登了這樣一個全版廣告，大聲呼籲：「聯絡你的守護天使！」

許多年前，我在按立成為牧師前，必須先通過新澤西州哈頓海斯（Haddon Heights）一個按牧團的資格審查。我的牧師父親是審查委員之一。我的母親也受邀出席，現場觀看整個審查流程。

委員會審查了我的一篇論文，我在裡面扼要地敘述了我的教義信仰，然後他們打電話給我，打算就各種不同的神學層面向我提問。來到天使這個主題時，其中一個審查委員問我：「大衛，你相信守護天使嗎？」

我還來不及回答，我的母親（我不敢相信她竟然會這樣做）已提高嗓門搶先我一步說：「嗯，如果他不相信，我信。」

當她聽到這個問題的時候，誰知道她心中閃過了多少我在成長歲月所經歷的千鈞一髮的事情？

我至今仍然清楚記得其中一件，鮮明的記憶歷歷在目，彷彿昨天才發生，儘管那已經是四十多年前的往事了。

我的叔叔那時候在紐約賓厄姆頓（**Binghamton**）附近有個農場，我會趁暑假期間過去。我是個城市小孩，對農場所知不多，但從叔叔那兒學到了很多。

有一年夏天，我被穀倉旁聳立的筒倉所吸引。叔叔的農場設置了兩個筒倉。其中一個裝滿了快要到頂的青貯飼料，另外一個還空著。

我心中突然冒出一個想法：爬上裝滿飼料的筒倉。我打算悄悄溜進倉頂的小金屬門，降落在飼料上，然後在自己的小世界裡待上一會兒。

於是，我爬上架設在筒倉外面的梯子。我不知道筒倉的實際尺寸是多少，但是天啊，它們實在**很高**。當你爬上去，只感覺到自己彷彿置身在前不著店、後不著村的荒無人煙之地。我放慢腳步，小心往上爬。

來到倉頂後，我打開門走進一片闃黑中。就在我準備屈身一躍的當下，我低頭往下看，發現了這個恐怖的事實：我爬錯筒倉了！我準備往下跳的是個空蕩蕩的筒倉。這裡什麼都沒有——只有直通地面。

我認為，這是我人生中最接近死亡的一次驚險經歷，差點無緣寫出本書。我努力撐住，等心情慢慢平復後，轉身走出倉外回到梯子。我渾身發抖地爬下梯子。

我一直相信天上有個天使救了我。當我被問到是否相信有守護天使時，這只是我心中浮現的一次經歷而已。總之，我的母親相信確實有守護天使。

那麼，聖經怎麼說呢？

〈詩篇〉九十一篇十一到十二節簡述了天使會保護神的百姓：

因為祂為了你，會吩咐自己的使者，在你所行的一切路上保護你。他們必用手托住你，免得你的腳碰到石頭。

但經文中所提到的天使，是用複數名詞。那麼一**個**專門指定給我的天使觀念，是怎麼一回事呢？

幾百年來，許多神學家都對此深信不疑，包括阿奎納，他認為每一個人在出生的時候，神就指派了一個守護天使給他。但聖經怎麼說呢？

在討論守護天使的議題時，有二處經文最常被引用。首先，耶穌告訴門徒：

> 你們要小心，不要輕視這些小弟兄中的一個。我告訴你們，他們的使者在天上，常常見到我天父的面。（馬太福音18:10）

有些人便引用這節經文，主張有許多神的天使站立在天父面前待命，只要祂一聲令下，他們就會即刻奉命保護、關心這些「小弟兄」。耶穌稱他們為「**他們的**使者」。但其他人則指出，這節經文並沒有任何字眼提到要「保護」「小弟兄」——事實上，他們「常常」出現在神的眼前。這段經文也沒有特別為每個「小弟兄」配對一個天使。

守護天使的支持者經常引用的第二處經文，出現在〈使徒行傳〉第十二章，那段經文記載彼得奇蹟似地從監牢裡出來。這是每個人最喜愛的聖經故事之一。我們在前幾章重述了這段經文：當時，彼得被留在大馬路上。稍早之前，天使把他從被關的囚室喚醒，命令他把衣服穿上，隨即悄悄地通過獄卒的重重守衛，出了監獄大門，來到街上呼吸著夜晚冰冷的自由空氣。現在，天使消失不見了。彼得「清醒過來」。恢復神智後，他承認主的天使救了他，然後前往一戶人家，有一些信徒正在屋內聚集禱告。

誠如一位解經家所形容的，在那裡等待他的是一幕夾雜著「困惑和令人歡樂的滑稽」場面，而且「每當這些早期信徒重提這件事的時候，一定會引發現場一陣歡鬧聲」。

> 彼得敲了大門，有一個名叫羅大的使女，出來應門。她認出是彼得的聲音，歡喜到

顧不得開門，就跑進去報告，說彼得站在門外。

大家說：「你瘋了！」她卻堅持地說這是真的。他們說：「一定是他的天使。」

彼得繼續敲門；他們打開了，一見是他，就非常驚訝。（12:13-16）

正在為彼得禱告的信徒們認為，那位在門口讓女僕感到驚慌失措的人，一定是「他的天使」。當然，一定會有人說，他們所指的就是彼得的守護天使。但羅大只聽到門口說話者的聲音。為什麼彼得的守護天使的聲音和他的聲音這麼像呢？有人說，當時信徒們真的認為彼得已經被殺了，他們所說的「他的天使」其實是指彼得的鬼魂。難怪，他們會猶豫著是否要開門。

除了這二處經文，就再也找不到其他明顯的聖經證據來支持守護天使的存在，顯然這兩個例子無法充分證明有守護天使。

但如果這個消息令你感到失望，而心灰意冷地想說，或許真的沒有一個專屬的守護天使來保護自己，那麼有許多證據顯示，除了神選派的天使全體都在照看你之外，神自己也在留意看顧你。

我個人很喜歡加爾文在這方面的看法：

是否每一個信徒都有一位受神指派的天使來保護他，我不敢肯定說有……

但有一點我很確定，我們每個人不是只有一位天使在關心，而是全體天使都不約而同地在留意我們的安全。

「歸根結底，」他還說：

如此渴望鑽研一個對我們無甚意義的觀點，實在不值得。如果有人輕看了這個事實——天上各層各級的天使萬軍都在密切留意他的安全——那我實在看不出即使他知道了自己有一個專屬的守護天使，這對他又有什麼幫助。

有一件事我們很確定：我們的神出於憐憫和慈愛，以祂的奇妙大能來幫助需要幫助的人。我喜歡這樣的神。最近幾個月，我在許多方面感受到祂的憐憫和慈愛，我深知祂確實如此。然而另一方面，祂也是聖潔的神，反之：祂也屈尊俯就關心我們，甚至差派一名天使或是一支天使大軍來服事和保護我們。

這帶給我們極大的盼望。

現在是個好時機再次提醒我們，天使是群受造的生命體——他們是神的創造。神已經告訴我們許多關於天使的事情，但也保留了許多。不過，即使神把天使的一切事情一五一十地告訴我們，即使我們對天使無所不知——一個簡單的真理依舊堅立，那就是**天**

使屬於神。他們屬神，祂可以隨意對待他們。他們不受我們控制或使用。天使不屬於我們，並不能供我們差遣來滿足我們的生理和情感需求，或是我們的好奇心。

他們為我們效力，但不是我們的僕人。只有神是他們的主人。他們服事我們是出於神而非我們的命令，更不是為了回應我們的要求。

天使現在仍介入戰爭嗎？

我們先暫時回到天使的軍事面上。無庸置疑地，天使的主要工作之一就是戰鬥。天使是戰士，因為神就是戰士。「**耶和華是戰士**，祂的名是耶和華。」（出埃及記15:3）大衛這個與神心意相通的人，以詩歌告訴我們「祂是**天天**向惡人發怒的神」（詩篇7:11）。

大衛描繪出了一幅景象，傳達神已經準備就緒，可隨時執行這項日常工作：

> 如果人不悔改，神必把祂的刀磨快。神已經把弓拉開，準備妥當。祂親自預備了致命的武器，祂使所射的箭成為燃燒的箭。（7:12-13）

〈詩篇〉七十八篇則顯明了發烈怒的神降災禍給法老。亞薩（阿撒夫）重述了神如何使埃及全地的江河變成血，還有成群的蒼蠅和青蛙、蚱蜢和蝗蟲，以及冰雹、霜害和閃電等各種天災來毀滅埃及人。「祂使**猛烈的怒氣**、**忿怒**、**憤恨**、**患難**……臨到他們中間。」（78:49）

在同一節經文裡，亞薩告訴我們神使用誰來執行祂的烈怒：「一群**降災的使者**」。

神這位「神聖的戰士」不僅是舊約的觀念。讓我們再看一次基督首次向約翰顯現，然後再透過約翰向我們顯現的那一幕景象：

> 我觀看，見天開了。有一匹白馬，那騎馬的稱為「忠信」和「真實」；祂按著公義審判和作戰……有一把利劍從祂口中吐出來，祂要用這劍擊打列國……還要踹全能神烈怒的壓酒池。（啟示錄19:11-15）

再看看在這一幕裡，誰和基督在一起：

> 天上的眾軍，都騎著白馬……跟隨著祂。（19:14）

神確實是戰士，而且每戰必贏。因此，天使永不失敗。

如果神戰士和天使戰士的想法使你感到困擾——如果你更樂於思考和平——那麼，

請記住，你的平安無事有可能只是因為受到了來自天使和聖靈的強大保護，使你免受撒但與其邪惡大軍的侵擾。一場正在進行中的爭戰，乃是為了你的利益而戰。若非如此，你認為你可以獨自對抗魔鬼的攻擊多久？你甚至能撐上半分鐘嗎？一旦你落敗了（你很可能根本贏不了），想想看以牠的性格和背景，你能期待這個敵人會可憐你，對你手下留情嗎？

感謝神，祂是戰士！

神交辦所有工作給天使？

有個小女孩寫了一封信給神，她在信上說：

親愛的神啊，祢把所有工作都交給天使去做嗎？媽咪說我們是她的天使，所以我們每一件事情都要做。

我認為，神的回答會是否定的，祂並沒有把**所有工作**都交付給天使去執行（他們也不會把我們該做的工作都做了）。

神**可以**自己做每一件事情，永遠不需要天使、大自然、基督徒或其他人和方式來代勞。神也可以使用這些代理人來完成祂想要完成的任何事情，而不必減損祂的主權絲毫。誠如艾利克森的提醒，「神要達成目的，不是只有親自上陣一途」。

神永遠可以隨心所欲做祂想做的事，並用祂想要的方式來完成。祂可能這次打發一個天使來完成某個服事——也許是說句鼓勵的話給一位陌生人加油打氣，或是幫助某人找到遺失不見的物品，或是提供必要的財務或食物援助。下次，就透過一個基督徒做相同的事。再下一次，則透過天使或人來達成相同的目的。

所以，如果全能神真的可以差派天使或以其他方式來幫助我們，請永遠不要停止向神禱告。記住了，儘管但以理並**沒有**跟神禱告說要看見或得到天使的幫助，加百列卻特地向但以理顯現，以回應他的禱告（9:23）。

怎麼確定天使真的向我顯現？

當天使加百列向但以理顯現的時候，他告訴但以理：「你要**留意**這信息，**明白**這異象。」但以理看到了天使，也聽到了他說的話，但他仍要用心去理解和評估所有天使向他傳達的信息。

這也很可能是神在天使議題上對我們的要求——首先，留意聖經是怎麼論述天使的，再來，釐清我們自己的經驗。

「**留意……明白……**」就在你現在研究這個主題的時候，你做到了多少？當你在查考聖經的時候，真的有用心嗎？

「**留意……明白……**」如果有靈體向你顯現，你也準備好這麼做了嗎？

聖經說得很清楚：「總要試驗那些靈是否出於神。」（約翰一書4:1-3）而天使是靈，也需要試驗和分辨。保羅也如此說：「凡事都要察驗，好的要持守，各樣的惡事要遠離。」（帖撒羅尼迦前書5:21-22）

你的最佳試金石，就是常把基督放在你的心靈之眼前面：

> 凡是承認耶穌基督是成了肉身來的，那靈就是出於神。凡是不承認耶穌基督是成了肉身來的，那靈就不是出於神，而是敵基督者的靈；你們聽過牠要來，現在牠已經在世上了。（約翰一書4:2-3）

假設有一位天使向你顯現，捎來神的信息。老實說，哪個更讓你興奮——是神的信息，還是看見天使呢？

我們在聖經中一再看見這個模式：那些有幸親眼看見或親耳聽到來自天使服事的人，都有成熟的心靈，他們渴望遇見神——而不是天使。

四福音書所記載的基督復活故事就是一個很好的範例。婦人和門徒相信天使捎來的耶穌復活大好消息，但他們當中沒有一個人曾經把焦點轉移到天使身上。沒有一個人是因為看見天使而興奮，他們是為了天使**口中的話**而歡欣雀躍。

留意在〈約翰福音〉二十章十到十八節所記載的抹大拉的馬利亞的反應。她用平常的冷靜語氣與兩位身穿白衣的天使交談，然後轉身與她以為是園丁的陌生人說話。真相大白，那個人就是耶穌本人。當馬利亞去找門徒，告訴他們這個大好消息的時候，她沒有說：「我看見天使了。」而是：「我已經看見主了！」她有著正確的心態，而能得見天使。

聖經有兩處奇特的經文段落，引人疑竇，我們下面就來探討幾個常被提出來、令人困惑的問題，來作為天使工作的補充說明。

神的天使曾欺騙我們嗎？

我們在前文已經看到，以色列的亞哈王是怎麼死在染紅他鮮血的戰車上，因為他不聽先知米該雅複述給他聽的天使異象。先知告訴亞哈，他看見耶和華「坐在祂的寶座上，天上的萬軍都侍立在祂的左右」（列王記上22:19、歷代志下18:18），以及神和天使正在商議要降禍來取亞哈性命，如果他要上戰場與亞蘭人作戰，很快就會陣亡。

我們之前沒有提到，亞哈召來的其他四百個先知都駁斥米該雅的看法。他們告訴亞哈，他**應該**親赴戰場，因為他必能凱旋而歸。

米該雅則告訴亞哈，其他先知都是騙子。他還說，他們說謊是經過神的同意，他們甚至是在與神商議的眾天使中的一位的慫恿下，才向亞哈說謊。神真的告訴一位天使展開這場欺騙行動嗎？

現在，當米該雅向亞哈描述事件始末時（列王記上22:20-22、歷代志下18:19-21），讓我們豎起耳朵仔細聆聽那場天上對話：

> 耶和華說：「誰去引誘亞哈，使他上基列的拉末陣亡呢？」有說這樣的，有說那樣的。後來有**一個靈**出來，站在耶和華面前，說：「我去引誘他。」
>
> 耶和華問他：「你用什麼方法呢？」
>
> 他回答：「我要出去，在亞哈所有先知的口中，作**說謊的靈**。」
>
> 耶和華說：「你可以去引誘他，你也必能成功，你去這樣行吧！」

「現在，」米該雅告訴亞哈：「耶和華已經把**說謊的靈**放在你這些先知的口中，耶和華已經命定災禍臨到你。」

我們可能會問，一個天使怎麼會墮落到想出如此詭計？而神怎麼會與其沆瀣一氣？

儘管亞哈是個暴君又崇拜偶像，但這對他並不公平，不是嗎？天使老是在耍詐嗎？

在輕率得出任何使人不快的結論之前，請記得米該雅已經事先向亞哈**全盤**托出——他在上戰場**之前**就已經一清二楚後果會如何，而非事後木已成舟時。當亞哈在落日氣絕身亡，死在被自己的鮮血浸透的戰車上時，他不是天使欺騙下的受害者，是他的愚昧，是他掩耳不聽神的事前警告害死了他自己。這個令人震驚的天上異象，其實很可能是神的憐憫作為，祂使用各種方法來吸引亞哈的注意力，想方設法使他回頭。神把自己的計畫毫無保留地讓亞哈知道。但要如何回應，完全取決於亞哈自己。而亞哈最終做出了錯誤的抉擇。

我們知道神是全然良善、真實無偽和聖潔的神。我們在聖經裡不斷聽到祂恨惡各種惡事（詩篇11:5、箴言6:16-19、17:15、以賽亞書61:8、耶利米書44:2-4、撒迦利亞書8:17、瑪拉基書2:16）。神的性格在先知哈巴谷的禱告中得到證實：「祢的眼目純潔，不看邪惡，**不能坐視奸惡**。」（1:13）

有可能這個被放進四百名先知口中的「說謊的靈」，是魔鬼或邪靈，如同撒但曾出現在神面前，要求神允許牠苦害約伯。但不論米該雅所描述的那個靈的真實身分是誰，我們都知道神永遠不必為出現在亞哈生命中的邪惡負責，祂的天使也不必為出現在那種景況中的邪惡負責。既然神從不改變，神與祂的僕人也永遠毋須為我們生命中的罪惡負責。

天使與人通婚嗎？

第二個令人疑惑的問題來自〈創世記〉第六章。就在我們開始進入神出於憐憫，拯救挪亞（諾厄）免受大洪水毀滅的故事之前，我們讀到：

人在地上開始增多，又生養女兒的時候，神的眾子看見人的女子美麗，就隨意挑選，娶作妻子……在那些日子和以後的日子……神的兒子和人的女子結合，就生了上古英武有名的人物。（6:1-4）

「神的眾子」是誰？

因為它的希伯來原文也出現在〈約伯記〉頭幾章，來指稱天使，因此有人主張〈創世記〉這段經文就是天使娶人為妻的一個實際例子——他們甚至有可能是墮落天使。但耶穌聲明，天使在天上不嫁娶（馬太福音22:30、馬可福音12:25），因此這種觀點可以排除在外。

還有一個解釋是，這裡的「神的眾子」指的是亞當敬虔的後代子孫（他的兒子塞特〔舍特〕一脈所生），與較邪惡的該隱（加音）家族一脈通婚。另外一個可能的解釋則是我們在〈創世記〉第六章所見，只是一種詩意的表達方式來追溯人類第一次被造。神用地上的塵土造亞當（一個「神的兒子」），然後神取了亞當的一根肋骨造夏娃（一個「人的女子」）。所以在〈創世記〉第六章，當「神的眾子」娶了「人的女子」，也許就只是意謂男子娶妻而已。

天上有更多工作在等待我們

天使之所以存在只有一個原因、一個目的：神創造他們作僕人。他們有工作要做，而且未來都是如此。天使數目眾多、而且長生不死的事實，無異向我們指出了這幅情景，永恆的天上是個非常忙碌的地方，一幕充滿活力、生氣蓬勃的繁忙景象，而神自己樹立了榜樣。

當〈希伯來書〉作者向我們指出永恆，彷彿我們已經置身其中時，他說：「你們卻是**來到……永活的**神的城，就是天上的耶路撒冷。」（12:22）神**活躍**在其中——祂不是博物館裡的蠟像，也不是窩居在安養院中日漸衰殘的年邁祖父。神長盛不衰，天堂照祂的方式運作，而天使對此了然於胸。這是為什麼他們如此忙碌的原因。

我認為，當我們來到天上後，若非我們的身體換上了和天使一樣的靈體、擁有和天使一樣的能力，我們根本難以望其項背。

天上有許多令人興奮、令人心滿意足的工作在等待著我們。所以，讓我們現在就竭力向已在天上服事的全體成員——我們忠實的朋友天使——學習，而且現學現做，在地上就付諸實行。

第12章
天使護送我們回天家

《天使引領羅得與家人逃出索多瑪》，魯本斯的油畫作品，十七世紀。

人都會死。我服事臨終者已經四十多年。我在他們臨終前陪伴在側，然後看著他們死去。我看見他們摯愛的親友為他們的離去哀傷哭泣，緊緊抱著已經沒了生命氣息的身體不放。

年復一年，我看著臨終者在前一分鐘還有氣息，然後下一分鐘就看著他們從此撒手人寰，使我愈來愈明瞭在這生死的瞬間究竟發生了什麼事。

聖經的教導使我相信，當我們離世，天使會帶著信徒回天家。但老實說，我花了很長一段時間才完全信服。在此之前，我一直抱持著存疑的態度。但我現在有了足以使人信服、強而有力的理由。

我曾在我們教會一位同仁母親的葬禮上，傳講本章的信息。杭斯特曼女士死時六十五歲，她的先生依舊健在。

我在講道中提到信徒離世後會發生什麼事，以及天使如何接引死者離開。

講完信息後，我下台向杭斯特曼先生致意並安慰他，告訴他我會為他禱告。當我湊近身子和他說話時，他的回答聲音大到全教堂都聽得到（顯然，他把助聽器關了）。「嗯，耶利米牧師，」他說：「我喜歡你講道中提到的天使部分，我很高興你說天使會來接葛拉狄絲。」

我很高興能安慰到他，但願我能更早了解這點，可以讓更多人知道這個信息。失去至親與好友對於神在地上的百姓而言，是人生中最黑暗的時刻。〈詩篇〉的作者滿懷悲痛向神吶喊，說：「祢使我摯愛的和同伴都遠離我，黑暗成了我的知己。」（88:18）但在人生的這些幽暗時刻，聖經帶給我們盼望。

在仔細審視天使和死亡間的關係前，我們先來看看死亡本身。

死亡是什麼？

「死亡」這個字的意思是「分開」。在新約裡，它用希臘字thanatos來表達。身體的死亡導致靈與魂和肉體分開。我們那時候會更像天使，因為我們脫去了天使所沒有的部分——我們的肉體。死後，我們不再同時橫跨物質界和靈界，而只存在於靈界。

人死後，身體就只是一具屍體——「身體沒有靈魂是死的」（雅各書2:26）。人的身體只會衰殘，但他的靈與魂不是與神永遠在一起，就是與神永遠隔絕。

神極為珍視信徒的死亡。「在耶和華的眼中看來，聖民的死極為寶貴。」（詩篇116:15）約翰在他的異象中，就聽到天上如此宣告：

> 我聽見從天上有聲音說：「你要寫下來！從今以後，那在主裡死去的人有福了！」聖靈說：「是的，他們脫離自己的勞苦，得享安息了，他們的作為也隨著他們。」（啟示錄14:13）

「我死了就有益處。」保羅說道。（腓立比書1:21）

基督徒只要與神建立起愈來愈親密的關係，都深知死亡的祝福。我還在達拉斯神學院（Dallas Seminary）念書的時候，就開始我的牧養生涯，在貝勒醫院（Baylor Hospital）擔任實習牧師。

我常常偕同所屬教會的主任牧師來到家屬室，協助家屬處理相關事宜。有幾次，只有我一人輪值的時候，我必須獨自前往。我已經練就出一種敏銳度，只要進到家屬室兩三分鐘左右，就能判別出他們是基督徒還是非基督徒。這種感覺很難解釋。死亡對信徒而言不是件容易的事，沒有人想要去面對。死亡確實令人難過、害怕和痛苦。但死亡不代表絕望。死亡不是結束。

我罹癌後沒多久，我們教會中一位三十四歲的弟兄死於癌症，我要在葬禮上講道。我承認，在我自己也罹癌後，要主持這場講道對我格外艱難。

癌細胞在很短的時間內，就奪走了他的生命。在他死前，我去他家裡探望他。他的妻子和年幼的兒子也在。我們一起坐在客廳裡。他談到自己即將到天上去的神情，彷彿是要去超市。這讓我大受衝擊。他告訴年幼的兒子，說：「這就是我到那裡後的景象。我會很想念你，但想想看爹地要做的事，很棒吧！」

在此之前，我從未看過類似的事情。這再次提醒我，基督徒面對死亡的態度有多麼不同，這是無庸置疑的。基督徒面對死亡的方式成了最強有力的明證之一，來顯明我們對神的真實信心。

天使與我們的最後旅程

那麼，在我們最後的時刻，天使在哪裡介入？關於天使在我們死亡那刻所提供的特殊服事，聖經已先一步安慰了我們。

我們的主在〈路加福音〉十六章說了一個迷人的故事，故事中的兩個人物各方面都南轅北轍。耶穌道出兩人強烈的鮮明對比，來開始這個故事：

有一個財主，身穿紫色袍和細麻衣，天天奢華宴樂。

又有一個乞丐，名叫拉撒路（拉匝祿），滿身是瘡，被人放在財主門口，想得財主桌子上掉下來的零碎充飢；並且有狗來舔他的瘡。

後來乞丐死了，被天使送到亞伯拉罕的懷裡。

那財主也死了，並且埋葬了。財主在陰間受痛苦……

區區一道門，就把兩人隔絕開來。拉撒路在門外乞討，財主在裡面奢華宴樂。但拉撒路認識神，財主則否。

特別留意兩人死後景況的對比。財主「死了，並且埋葬了」，然後句號。再下來，我們看見他落入地獄。

但當拉撒路死時，「被天使**送到**亞伯拉罕的懷裡」（「亞伯拉罕的懷裡」在猶太人心中是一幅歡樂的盛宴畫面，我們未來會在天上經歷）。這個乞丐只有一隻常常會舔他的狗與他作伴，但他死後，天使很榮幸能把他送到天堂。而且，他們不僅與他**在一起**，還「**送**他去」。

拉撒路生前被視為最卑賤的小人物，但那並不會使他失去有一位天使護送他穿過永恆之門的資格。卑微的拉撒路被授予這樣的恩寵，顯然，一個至高無上的人——人子自己——也是如此。

聖經暗示了耶穌在升天當日，可能也是被天使送入天堂。我們在〈馬可福音〉十六章十九節讀到，祂「就被**接到**天上」。〈路加福音〉則寫道，耶穌正在「祝福」門徒的時候，他就離開他們，「被**接到**天上去了」（24:51）。在〈使徒行傳〉一章九節，我們讀到「說完了，他們還在看的時候，祂被接上升……」天使可能有此殊榮，迎接並一路護送耶穌的返家旅程。

為什麼天使會在我們死亡當下，如此服事我們？

一個理由也許和撒但被描述成「天界的掌權者」（以弗所書2:2）有關。或許，我們從地上到天堂的途中必須通過「天界」（Kingdom of the air）。在我們短暫的地上家鄉和永恆家鄉之間，也許隔著廣袤的敵人領土。天使一定經常往返這段旅程，因此有個天使陪伴我們穿過「天界」，會讓我們備覺安心。

利比在童書《天使在某處》，給了兒童讀者另外一個理由：

上帝多麼渴望你回家，所以祂差派天使去迎接你。如果你看到天使臉上掛著大大的笑容，千萬不要感到驚訝喔。

第13章 地獄中的墮落天使

《地獄之王路西法》，多雷（Gustave Dore）的版畫作品，十九世紀。

你應該玩過相反詞的遊戲，對吧？我說「小」，如果你的理解正確，你應該很快回答「大」。我說「黑暗」，你就回答「亮光」。我說「柔軟」，你就答說「堅硬」，我說「好」，你就說「壞」。

那麼，如果我說「神」呢？

如果你回答「撒但」，你就錯了（也許是因為以訛傳訛，也可能是因為今天人們對此有些誤解）。

撒但不是神的相反。撒但不可能是神的對立面，因為撒但本身是神的受造物。沒有任何人事物能與神相對應。但撒但是怎麼矇騙我們的，竟然會相信牠的權柄和重要性可以與神相提並論，這不是很奇怪嗎？

我接下來就要履行我在前幾章的承諾——把討論焦點暫時聚焦在墮落天使：撒但與其魔鬼跟隨者。

我在我們的教會傳講天使系列信息時，關於撒但與其墮落天使們的信息獲得了最大迴響。我做夢也沒有想到會出現如此熱烈反應。我原本只是把它們當作本系列講道的補充說明，先講完必要的負面因素後，就能專注於天使的正面面向上。但大家對這個主題的興趣，顯然要比同系列中其他主題更為濃厚。

所以，我知道你對這個主題充滿好奇，想知道更多，因為了解敵人永遠是上上策。保羅說：「我們並不是不曉得牠的詭計。」（哥林多後書2:11）因此他能擬定計畫，「免得撒但有機可乘」。我們不想對牠的陰謀和詭計一無所知，但是礙於篇幅所限，本書只能擇要講述。

另一方面，我希望可以避免一些對撒但的成見。撒但不是我人生中關注的焦點，我也認為牠不該成為基督徒的焦點。這並不是說我們該忽視牠，或把牠視為理所當然，但你不能一心二用。如果我總是擔心撒但，我就不會有時間敬拜神。誠如賈艾梅（Amy Carmichael）過去常說的：「我高唱三一頌，向撒但說再見。」

我們先前已經就天使的不同面向做了探討，我希望這會有助於你對本章主題有更透徹的了解。撒但與其墮落天使追隨者起初被造，都是為了享有和良善天使一樣的無與倫比殊榮，我們已經看到神的良善天使多麼樂在其中。撒但本來也能滿足於那種榮美的存在。我們對於撒但的選擇評價多麼正確：「你怎麼從天上墜落？」（以賽亞書14:12）

聖經教師特別指出兩處關於撒但墮落的舊約經文。我們在〈以西結書〉二十八章特別找到了造成撒但墮落的初始狀態線索，在〈以賽亞書〉十四章則聚焦於導致撒但反叛神的內在原因。

這兩處經文中，有兩句明指兩位地上統治者，而不是撒但：以西結正在為「**推羅（提洛）王**作一首哀歌」（28:12），而以賽亞則表明他寫的是「諷刺**巴比倫王**」（14:4）。但這兩句強烈影射這兩位君王就是撒但，使得這兩處經文更加諱莫如深。

有個好方法來看這兩句經文：它們既指地上君王，亦指撒但。同理，一些關於彌賽亞的經文既是指大衛後裔的以色列君王，也是指基督。理解這兩處經文的正解，就是一語雙關。

從前的撒但

在檢視兩位先知所勾勒的圖像之前，我們先用耶穌所說的一個關鍵聲明開始。祂告訴猶太人，撒但「**從起初**就是殺人的兇手，**不守真理**」（約翰福音8:44）。我們從中看出，撒但的墮落至少可以回溯至已知的人類歷史之前。〈約翰一書〉三章八節也對此加以呼應，我們讀到「魔鬼**從起初**就犯罪」。

但〈約翰福音〉八章四十四節提到「不守真理」，似乎暗示了撒但原本**可以持守真理**，但卻沒有這樣做，或者牠**曾經**恪遵過，但卻無法貫徹到底。

我們現在把焦點放到〈以西結書〉二十八章，這是一章深奧難解的經文。它在前幾節譴責推羅王，但先知在第十一節之後的敘述，若指稱對象是人類，則會令人費解。反之，以西結所指的似乎超越了人類君王推羅，而是指向王座後面的真正掌權者，這個「王」不是別人，正是撒但。

以西結引用了「主耶和華」給他的話（28:12）。先知不是敘述自己所見，而是神親自向他說的話。這章經文是直接寫給這位「推羅的君王」。前幾節經文呈現了牠的過去，後面繼續以神的話提醒牠，牠曾是「**護衛寶座的**、受膏的**基路伯**」（28:14）。

這位基路伯侍衛堪稱十全十美，「你是**完美的典範**，滿有智慧，全然美麗」（28:12）。牠的聰明和外貌出類拔萃，無可挑剔。護衛寶座的基路伯自己不會發光，而是從一開始就由其創造者神來反射祂的榮耀：

> （你曾）佩戴各樣寶石，就是紅寶石、紅璧璽、金鋼石、水蒼玉、紅瑪瑙、碧玉、藍寶石、綠寶石、紅玉和黃金，又有精美的鼓笛在你那裡，都是在你受造之日預備齊全的。（28:13）

我們也看見神安置這位基路伯侍衛的**地點**：

> 你曾在伊甸、神的園中……我安置你在神的聖山上，你在閃耀如火的寶石中間行走。（28:13-14）

後來的撒但

在接下來的經節，我們回到這個基路伯的盡善盡美——然後，我們看到牠的完美突然崩毀。

從你被造的日子起，你的行為都無可指摘，直到在你中間有了罪孽為止。（28:15）

接下來的經節則吐露了這個罪孽的真相，指控這位基路伯侍衛的暴行，特別是驕傲，導致牠從神面前被開除。撒但擁有一切，但卻欲求不滿：

因你的貿易昌盛，你中間就充滿了強暴的事，你也犯了罪，所以我把你當作污穢之物，從神的山把你拋棄。護衛寶座的基路伯啊！我要把你從閃耀如火的寶石中除掉。你因自己的美麗心裡高傲，又因你的光彩敗壞了你的智慧。所以我把你拋在地上；放在列王面前，好讓他們觀看。你因罪孽眾多，又因貿易上的罪惡，玷污了你的聖所。（28:16-18）

這則反對「推羅的君王」預言的結尾遠眺了未來，預言了撒但被丟入火湖的終局（啟示錄 20:10），從人類和天使的眼前徹底消失：

因此我使火從你中間出來，這火要吞滅你。我要在所有觀看你的人眼前，把你變為地上的灰燼。萬族中認識你的，都必因你驚駭；你必遭遇可怕的災禍，你就永遠不再存

在了。（28:18-19）

以上經文似乎對撒但做了適當的速寫，讓我們得以一瞥撒但的生平，它很清楚地顯示撒但並非天生受造邪惡。誠如加爾文所言：「所有牠身上所流露出的可憎行為，是出於牠自己的反叛和墮落所致。」

神造萬有時，賦予他們良善的本質，包括撒但。但撒但選擇跟從自己而不是跟從神，所以「敗壞了」牠的「智慧」（以西結書28:17）。撒但不再說神的語言，而是自成一格，如同耶穌告訴我們的：「牠說謊是出於本性，因為牠本來就是說謊者，也是說謊的人的父。」（約翰福音8:44）

撒但內心的反叛

〈以賽亞書〉十四章則更深入審視了撒但反叛的本性。

這段經文如此開場：「明亮之星、清晨之子啊！」（14:12）根據英文欽定本聖經的譯文則是：「路西弗（路濟弗爾）、清晨之子。」路西弗（Lucifer）這個拉丁文名字有「晨星」（light bearer）的意思，拉丁文聖經譯本即使用此名。接下來的內容中，我們會繼續沿用這個傳統的名字。

這顆明亮之星就是「以前的」撒但。但現在，這個針對路西弗的「諷刺」（14:4）開始了：

……你怎麼從天上墜落？你這傾覆列國的，怎麼被砍倒在地上？（14:12）

以下是路西弗的獨立宣言。留意牠心中這五個宣誓——路西弗對自己的五個承諾，每一個都以「我要」開始：

你心裡曾說：「我要升到天上，我要高舉我的寶座到神的眾星之上，我要坐在聚會的山上，在北方的極處。我要升到雲的高處，我要使自己像那至高者一般。」（14:13-14）

首先，路西弗覬覦**神的居所**。牠說「我要升到天上」，顯然就是指唯有神獨享的天上至高、至聖潔的居所，這裡甚至凌駕在天使居所之上（還記得保羅在〈哥林多後書〉十二章二節提到第三層天嗎？）。路西弗想要取代至高神，睥睨天下。牠想要「坐……在北方的極處」以及「升到雲的高處」，最後的這兩句經文提到了神現身之處。

再來，路西弗覬覦**神的地位和權威**。牠說「我要高舉我的寶座到神的眾星之上」以及「我要坐在聚會的山上」，這裡的「眾星」和「聚會」最有可能是指其他天使。路西弗想要凌駕在所有天使之上，唯我獨尊。

第三，路西弗決心要**像神一樣**。牠說「我要使自己像那至高者一般」，牠覬覦神擁有的特權、獨立自主和受敬拜。

就此而言，牠完全不像神！只要檢視路西弗的話和基督的態度之間的鮮明對比，就能看出基督是——

> 祂本來有神的形象，卻不堅持自己與神平等的地位，反而倒空自己，取了奴僕的形象，成為人的樣式。（腓立比書2:6-7）

路西弗最大的罪性就是驕傲。驕兵必敗，如同以賽亞接下來所言：

> 然而，你卻被拋下陰間，落到坑中的極處。（14:15）

路西弗的驕傲把一個天使轉變成為魔鬼。牠的自發性驕傲招來神對牠的咒詛。撒但變成了謙卑的死敵。

怎麼可能會發生像撒但這樣的故事呢？這種自取滅亡的事情，怎麼會發生在一個原本堪稱「完美的典範」的天使身上呢？

我們知道，答案就是驕傲。但神在造路西弗的時候，難道不知道驕傲將會掠奪這個天使的心嗎？

當然知道，我們的結論是神一定知道，因為祂是全知的神。

但神本來可以阻止嗎？

當然可以，因為神是全能的神。祂當然可以阻止撒但的墮落。

既然如此，祂為什麼沒有阻止？

這個答案似乎就在於這個奧祕：神造路西弗時，讓牠可以自由選擇自己要走的路，就像神造我們一樣。路西弗使用這個恩賜，與牠的賜予者為敵。而神「尊重」牠的選擇，如同祂尊重我們的選擇一樣。

從撒但的墮落學到教訓

我們可以從撒但的墮落學到哪些教訓？

首先，**看清驕傲的力量**。我認為在我們面對的各種試探中，驕傲在頻率、持久力或是巧妙度上，都強於其他試探。有人說：「撒但就像是一頭躲在傑出作品陰影下蟄伏的動物，等待我們偷偷戀慕自己。」

最近，你偷偷戀慕自己的時間有多少？你在自戀時，比你能想出的自己其他罪惡，確實要更像撒但。

撒但的伎倆就是大玩驕傲的把戲。牠歷代都在使用這招，玩到今天仍然不厭倦。我認為，從牠開始大玩驕傲的把戲以來，牠沒有其他新鮮點子；牠玩的就是換湯不換藥的老把戲，但人類卻一再沉淪其中。牠的方法奏效。我們樂於諂媚自己，就像喜歡被別人阿諛一樣。

但「神抵擋驕傲的人」（雅各書4:6、彼得前書5:5）。如果神可以毫不猶豫地徹底抵擋一個後來變得自高自傲的完美威嚴天使，祂當然也可以阻撓我們所有人。我們靈命的積弱不振，與驕傲到底有多直接相關呢？

撒但粗糙的騙人伎倆連神的百姓都中計。牠是把稗子撒在麥子中間的仇敵（馬太福音13:24-30）。撒但在〈以賽亞書〉十四章十三、十四節中的「我要」，今天依然在眾教會的會眾中囂張橫行。它就像是一個病毒——一小撮的驕傲和不滿足，最後會變得威猛十足，像癌細胞一樣快速增生。

撒但會竭盡所能搶奪神的教會，而事實一再證明，驕傲是最萬無一失、也最快速的掠奪方法。

再來，**對撒但的目的和伎倆保持警醒**。撒但在墮落後，返回伊甸園策動人類墮落。如同牠計誘亞當和夏娃，帶給他們難以言喻的巨大悲劇一樣，牠到今天依舊對天使和人類執行牠的欺騙計畫。牠要敗壞我們，使我們對神國毫無用處。

此刻，牠正不擇手段達成牠的計畫，讓地獄住滿非基督徒，包括你還沒有信主的鄰居、朋友和家人。牠想要帶著所有我們拱手讓給牠的「好人」一起進入烈火。牠很高興看到還有人依舊拒絕接受基督為救主，牠把這些人緊握在牠手中，因為我們沒有為他們禱告，也沒有向他們做見證。

撒但的產業隨處可見。每個罪人和每種罪行都是祂的戰利品。「犯罪的是出於**魔鬼**」（約翰一書3:8）。耶穌說牠不僅是「說謊者」，也是「說謊的人的父」（約翰福音8:44），總歸而言，每個謊言都是出自牠的口。

這是為什麼在同一節經文裡，耶穌告訴不信者，說：「你們是出於**你們的父**魔鬼。」罪就是撒但的形象，存在於尚未重生為神兒女之人的身上。我們所有人不是長成基督的樣式，就是撒但的樣式。

我們不能對撒但的策略和伎倆無動於衷。留意聖經是如何洞悉撒但的詭計和性格，可以敦促我們立即保持警醒。請切實留意這些經文是怎麼闡述撒但言行的：

- 你們的仇敵魔鬼，好像吼叫的獅子**走來走去**，**尋找可以吞吃的人**。（彼得前書5:8）
- 牠是「一個壯漢拿著武器，**看守**自己的家園，牠的家財就平安無事」。（路加福音11:21）
- 牠是「空中掌權的首領，就是**現今**在悖逆的人身上**運行**的靈」。（以弗所書2:2）

- 牠是「這世代的神」，「**弄瞎**了他們（不信者）的心眼」。（哥林多後書4:4）
- 「牠從起初就是**殺人的兇手**，不守真理，因為牠心裡沒有真理。牠**說謊**是出於本性，因為牠本來就是**說謊者**，也是說謊的人的父。」（約翰福音8:44）
- 牠已經掌握這個世界。「我們知道……整個世界是**伏在**那惡者手下」。（約翰一書5:19）

而且，最令人惱怒的是，這個潛行、吼叫、飢餓、強壯、貪婪、活躍、使人瞎眼、謀殺人和掌控世界的騙子，其實就是「把自己化裝成**光明**的天使」（哥林多後書11:14）的撒但。

「所有這些描述的目的，」加爾文寫道：

> 都是為了使我們更加謹慎和警醒，做好爭戰的準備……所以，讓我們發揮這些論述的效用，把它們轉變為對我們的警醒。

甚至連牠的名字都預示了會帶來麻煩或災難。撒但的意思是「控告者」。魔鬼的意思是「誹謗者」。牠被稱為「那龍，那古蛇」（啟示錄20:2）和「試探者」（馬太福音4:3、帖撒羅尼迦前書3:5）。牠的正式名稱是「別西卜」（貝耳則步），意思是「蒼蠅王」（馬太福音10:25），以及「彼列」（貝里雅耳），意思是「毫無價值」或「毀壞」（哥林多後書6:15）。

撒但無法與神相提並論，但牠是神的死敵。牠在伊甸園誘惑夏娃的伎倆就是「懷疑神」，並沿用至今。你真的在乎神的名譽和榮耀嗎？你對神國效忠嗎？如果你的答案是肯定的，你一定會把神的仇敵視為寇讎。

如果「基督徒」這個稱呼對你具有意義，那麼你別無選擇，只能起身對抗基督的仇敵，因為「神的兒子顯現出來，為要除滅魔鬼的作為」（約翰一書3:8）。耶穌稱牠為「這世界的王」（約翰福音12:31），但也說了，「牠在我身上**毫無作用**」（14:30），以及「這世界的統治者**已經受了審判**」（16:11）。基督透過自己的死和復活，撒但必然潰敗收場。這場對抗撒但的屬靈爭戰已經高奏凱歌，但戰事尚未告終。你願意接受這個殊榮成為主的精兵，來打屬靈的勝仗嗎？

這又延伸出第三個教訓：**牢記神是至高無上和居首位的神**。撒但的驕傲並沒有讓牠逃脫神的懲罰，無論是過去還是現在都是如此。牠現在得以在地上任意做其毀滅工作，只因捆鎖牠的鎖鏈長度尚未收緊，神已經親自將牠捆鎖約束。撒但只能在神的允許範圍之內行動。牠無法違抗神的旨意和逾越神的允准，來遂行己意。

這確實是個難解之謎。加爾文對於撒但的目的和選擇有如此評論：

> 牠熱切地定意要與神作對，而且故意選擇違逆神的心意，徹底反其道而行。**但神限制牠的行動**與能力，牠做這些事情只因神允許，因此即使百般不願意，牠還是順服了牠的創造者，被迫……效勞神。

我們在聖經裡可以看見，這類事情曾經出現於史詩書卷〈約伯記〉中，撒但之所以能夠接二連三地打擊約伯，是因為神說：「他所有的一切都交在你手中。」（1:12、2:6）此外，這樣的事也出現在其他書卷。例如：有一個邪靈折磨掃羅王，卻稱之為「有惡鬼**從耶和華那裡來**」（撒母耳記上16:14、19:9），因為神允許。

連保羅也遇到了這樣的事情。一個「撒但的差役」來攻擊他（哥林多後書12:7），但保羅很清楚神的想法。他沒有就此與撒但爭論，而是「求主，使這根刺離開我」（12:8），因為他知道這根刺是出於神。保羅也發現神允許這種身體上的折磨發生在他身上，目的是「免得我高抬自己」（12:7）。

即使是信徒，只要不倚靠神，撒但就會成為挾制他們生命的力量，這是無庸置疑的。但即便「他們曾經被魔鬼擄去，隨從牠的意思而行」，神依然帶給他們盼望和方法，使其「脫離魔鬼的陷阱」（提摩太後書2:25）。神總有「一條出路」（哥林多前書10:13）給人，尤其是那些把屬靈爭戰的全貌和最後勝利——「賜平安的神快要把撒但踐踏在你們腳下」（羅馬書16:20）——牢記在心的人。

現在看來，我們身為基督身體的肢體，當撒但「傷祂的腳跟」，我們也會「感覺到刺痛」；但當基督傷牠的頭（創世記3:15），我們也參與了祂的反擊。

撒但的徒眾

撒但不是形單影隻在發動屬靈攻擊。耶穌提到永恆之火是「為魔鬼**和牠的使者**所預備的」（馬太福音25:41）。撒但與「牠的**使者**」在〈啟示錄〉十二章九節一起被提到。在〈馬太福音〉十二章二十四節，牠被稱為「**鬼**王別西卜」。

我們面對的仇敵不只一個，我們很可能同時被數個敵人所攻擊。聖經上說，耶穌從抹大拉的馬利亞身上趕出「七個鬼」（馬可福音16:9、路加福音8:2）。一個不幸的男人曾被一**群鬼**附身（馬可福音5:9-15、路加福音8:30-33）。

這些靈是理性存有，牠們不是疾病或小毛病，也不是想像力作祟下的產物。牠們具備了位格的種種特質。牠們甚至相信神，如同雅各告訴我們的：「你信神只有一位，你信的不錯；就**連鬼魔也信**，卻是戰兢。」（2:19）魔鬼會思考、會信、會聽，也會說。

牠們是誰，又來自哪裡？撒但自己無法創造牠們，因為只有神是創造者。最佳解釋是，牠們是在某個時機加入撒但叛變行動的墮落天使。

彼得告訴我們：

> 神沒有姑息犯罪的天使，反而把牠們丟入地獄，囚禁在幽暗的坑裡，等候審判。（彼得後書2:4）

猶大則提到，「那不守本位擅離自己居所的**天使**」（猶大書1:6）。

有處經文暗示了很可能有三分之一的天使跟著撒但一起墮落。在〈啟示錄〉裡，約翰看到「有一條大紅龍」，牠的尾巴「拖著天上**三分之一的星辰**，把它們摔在地上」（12:3-4），同一章後面的經文確認這條龍就是撒但。至於這些星辰，如同我們已知的，它們在〈啟示錄〉和其他聖經書卷裡經常代表天使。約翰在此所看到的異象，很可能是發生在人類歷史開始前的事件重播。

屬靈戰爭

魔鬼是撒但的奴僕，致力於執行牠的陰謀詭計，以阻撓神的計畫。在聖經裡，經常稱牠們為「邪靈」或「污鬼」。牠們受撒但的管轄，牠們參與牠的卑鄙勾當。

有這樣的敵人，我們需要朋友。神已經把這份援助之力給了我們，也用祂的話把他們顯明給我們看。

定睛於這個事實：魔鬼所做的任何事情絕不會超出神的良善目的和意圖。永遠不要忘記這點：「因為我深信：無論……是天使、是**掌權的**……是**有能力的**……或是任何別的被造之物，**都不能**叫我們與神的愛隔絕，這愛是在我們的主耶穌基督裡的。」（羅馬書8:38-39）

加爾文再次為我們勾勒了一幅美好畫面。他向我們顯明，神可以「隨心所欲調轉污鬼的行動」，目的都是為了「操練信徒」。魔鬼總是「與他們爭戰、用欺騙的技倆困惑他們、用誘惑慫恿他們、極力壓迫他們、使他們心神不寧、使他們驚慌不安，以及偶爾會傷害他們，但**永遠無法征服或壓制他們**。」

如同撒但和魔鬼有共同的起源、邪情*和工作，所以他們也將面臨相同的命運。保羅向我們保證，耶穌「必要作王，直到神把**所有的仇敵**都放在祂的腳下」（哥林多前書15:25）。這個仇敵包括了撒但和每個魔鬼。

在福音書裡，每次耶穌和魔鬼交手，耶穌都是勝利者。祂的門徒也分享了祂的權柄。當基督的門徒從一次服事之旅中「歡歡喜喜」地回來，他們向耶穌報告，說：「主啊，因祢的名，連鬼也服了我們。」（路加福音10:17）耶穌則回答說：「**我看見撒但**，像閃電一樣**從天墜落**。」

猶大則說，神已經把墮落的天使「用**永遠的鎖鍊**把牠們拘留在黑暗裡，直到那大日子的審判」（猶大書1:6）。

同時，我們要與牠們爭戰，直到那大日子來到。我們「**爭戰**、對抗的……是執政的、掌權的、管轄這黑暗世界的和天上的邪靈」（以弗所書6:12）。

在這場爭戰中，有個人向我們展現如何堅持到底，以及如何贏得勝利，這個人的一生經歷了屬靈爭戰也接觸了天使，他對這方面的了解，遠勝於古今中外任何一個人。

如同你的手指所感覺到的，本書只剩幾頁就要畫上句點了。在我們的研究即將結束之前，僅剩短短幾頁篇幅對天使這個主題做最後探討。讓我們利用最後僅存的一點時間，與天使熟知的這個人在一起，來結束本書。

*譯注：Passion，翻譯參自〈歌羅西書〉3章5節。

第14章

天使與耶穌

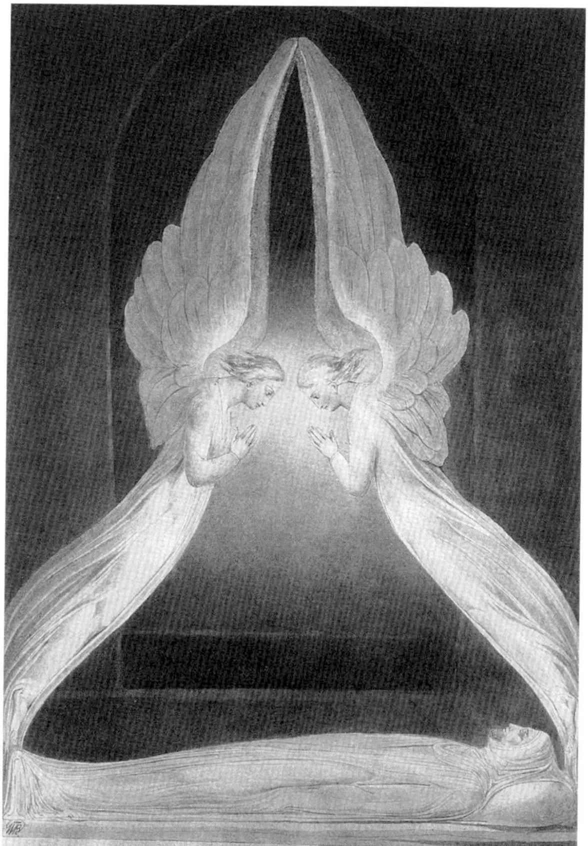

《天使守護墳墓中的基督》，威廉·布雷克的作品，十九世紀。

祂「被天使看見」，保羅在〈提摩太前書〉三章十六節與我們分享了這個簡短、溫暖、聽起來猶如一首讚美詩的經句。耶穌離開天上，靈的家，來到地上，肉體的家。

而天使好奇地觀看著。

喔，看哪：其中一位好奇觀看的天使加入我們。他是我們的老朋友，曾在前面擔任我們的嚮導，帶領我們疾速穿越聖經，觀看天使的活動。

我們歡迎他再度回來，感謝他留給我們那張便條。

他詢問我們是否願意再回到過去，我們迫不及待地答應他的邀請。

他說，我們這次的旅程會全部集中在一個人的一生裡。「這是一個人的故事，」嚮導告訴我們：「這是我**最愛**的故事，」他補充說：「也會是你們的最愛。」

我們明白他話中的意思。我們很高興有這樣的機會，因為我們一直希望能在這個故事裡有一些新發現。我們這次會發現什麼呢？

「我們出發吧！」他說。我們即刻啟程動身。

耶穌誕生

某個夜晚，在一處村莊附近一個長滿青草的山坡上。我們看見牧羊人穿著駱駝毛皮外套，圍坐在營火四周。我們知道自己身處何時何地：兩百年前伯利恆附近。

「就人類的時間量尺來看，」嚮導說道：「從我們這群使者在地上大量顯現以來，已經過去了幾百年。但一個新的日子已經來到。就在幾個月前，加百列先向撒迦利亞顯現說話，然後是馬利亞。我的另外一個弟兄則出現在約瑟的夢中。

「是的，世人將會在這段時間看見我們更多在地上的活動。人們也會留意到有更多神蹟奇事在發生。所以，我們的仇敵魔鬼也會更多曝光。」

在這片靜寂的暗夜山坡上，我們仔細思索他所說的話。

突然間，牧羊人俯伏在地，一道炫目的耀眼光芒讓他們戰慄不已。我們知道耶穌誕生了，但我們也被這景象嚇到了。

這個天使在消除了發抖牧羊人的驚懼後，向他們宣布了這個消息：「今天，有一救主**為你們**而生……」

我們的嚮導低聲說：「你們聽見了嗎？救主不是為天使來到地上。祂來是為了這些牧羊人，也是為了你們和其他像你們一樣的人而來。」

他再次遠眺山坡。我們看見他的眼中映射出躍動的星光與天使光芒。

「我們為你們感到**開心**！」他呼喊道，因為天空忽然滿布著數不清的天使。他們全都有相同的狂喜表情。

「**在至高之處榮耀歸與神**！」他們高聲頌揚，抬頭仰望高處。

我們的嚮導興奮地跟我們解釋，說：「他們正在頌讚神，並告訴留在後面的天使一起加入他們的敬拜讚美。我們上方的這片天空牧場容納不了所有天使。」

你我一定無法忘懷這群天上使者的喜樂。他們所宣布的消息確實與他們無關。但他們卻是如此歡喜快樂，彷彿他們也才剛從地獄的魔爪中被搶救回來。我們猜想，一定是因為他們深深地崇拜耶穌。

畢竟，他們已經在天上與耶穌相處了一段漫長年日。他們一定非常了解耶穌，深愛耶穌。既然祂欣然降臨地上，他們也很高興能伴隨祂。

耶穌受試探

這幕畫面漸漸消失在天使的大合唱中。一幕新的場景漸漸進入我們眼簾：在猶大曠野光禿禿的土黃山坡上。有個人——人子——置身在山坡上，但不是獨自一人。暗黑的誘惑者身影也在那裡。只要瞄一眼，我們就知道牠是誰。我們撇開目光，心中好奇耶穌怎麼能忍受撒但醜陋的外貌。

嚮導再次向我們解釋，說：「在這場會面中，仇敵不必再用光明的外表來偽裝自己，如同牠經常向你們所顯現的那樣。牠知道在神子面前，任何偽裝都掩飾不了牠的本性。」

我們依舊把頭撇開，但卻仔細聆聽。撒但的說話在我們聽來就像是含混不清的雜音。但我們對耶穌所說的每字每句，卻是聽得明明白白。

耶穌用堅定的聲音不斷引用舊約經文，從容地勝過撒但。我們對站在祂面前的這個受造物，既恐懼又厭惡，牠竟膽敢試探耶穌。但不知為何，這反而使我們珍視耶穌所說的每一句話：

……經上記著：「人活著，不是單靠食物，更要靠神口裡所出的一切話。」

……經上記著：「不可試探主你的神。」

經上記著：「當拜主你的神，單要事奉祂。」

我們知道，我們未來還會再次面對這個試探者。所以，我們不敢忘記這些出自耶穌之口的反擊話語。

當我們回過頭時，這個試探者已經離開了。爭戰結束了。天使已經出現在耶穌身旁，來到祂腳前伺候祂，加力量和食物給耶穌。

「聖經已經告訴你們，」嚮導說：「那位暫時變得比天使卑微的耶穌，祂在地上的年日就是這個『暫時』。在這個時間之窗，我的弟兄們和我可以用我們在天上永遠不能做的方式，在這裡事奉主。」

「很久以前，和我同樣身為僕人的同僚，曾經和我一起在曠野服事神的百姓以色列人。現在，耶穌在曠野中。我們也會來事奉祂。」

耶穌在客西馬尼園

我們移動到另一處場景，我們的嚮導曾帶我們來這裡：一處橄欖園，耶穌在客西馬尼園中痛苦地俯伏在地上。

有個記憶從我們的腦海中一閃而過。我們突然記起路西弗那悖逆、狂妄不休的心：「我要……我要……我要……我要……我要……」我們甩開這種令人反感的想法，再次全神貫注在禱告中的基督身上。

「但不要成就我的意思，」祂誠摯、懇切地吶喊說：「只要成就祢的旨意。」

耶穌暫停禱告。四下一片靜寂。一個天使出現在耶穌身旁，拭去從祂眉頭和太陽穴滴下的汗珠。

我們的嚮導眼眶含淚，說：「我們以前從未這樣做過，直到這個『暫時』來到。現在，就快要結束了。」

我們眼前的畫面快速前進。原本在不遠處睡覺的門徒，現在已經清醒站立著。

一群士兵還有其他人等暴民，已經進到客西馬尼園，逮捕了耶穌。

我們環顧四周，天使已經離開。但耶穌對這群把祂團團圍住的緊張群眾，說：「你以為我不能求我的父，祂就馬上給我派十二營以上的天使下來嗎？」

我們的嚮導點點頭。「祂說得對。」他如此告訴我們。

耶穌復活之後

夜晚結束。黎明來到——拉開耶路撒冷明亮清晨的序幕。我們人在耶城另一個城區的花園。

我們看到士兵在山坡上一個墓穴口站崗一整夜，度過了平靜無波的漫漫長夜之後，已經露出疲態。你我還記得在〈馬太福音〉最後一章讀過這段記事。

突然間，大地震動。一個天使不知從哪裡冒出來，如同一道閃電迅速出現，全身也如閃電般明亮。

士兵如同死人般，嚇到全身發抖，臉色發白，拔腿就跑。

天使毫不費力地把封住墓穴口的大石頭輥到一旁，然後若無其事地坐在石頭上面。

「我這位弟兄——非常強壯，」嚮導說：「我非常了解他。」

我們走近墓穴，可以看到裡面的情況。裡面空蕩蕩的。摺疊整齊的裹屍細麻衣就放在石架下方，這裡應該曾有個屍體躺在上面。

太陽正在升起。

兩個婦女躊躇著走進花園，在一段距離外盯著墳墓看。她們愈往前走，愈擔心將會看到的景象。

天使繼續保持坐姿。我們的感覺是，只要他站起來或有點移動，這兩個婦人很可能在你還沒念完本丟．彼拉多*的名字時，就已經快閃離開這裡。

我們聽到天使清喉嚨，他有事情要宣布。

我們的嚮導湊過身子悄悄地告訴我們，說：「他獲指派執行這項任務時，興奮到幾乎要得意忘形了。我很了解他。」

天使平靜而自信地跟兩個前來的婦女說：「不要害怕。」她們不但沒有轉頭逃跑，反而安靜地站立聆聽。

天使繼續說：「我知道你們在找被釘十字架的耶穌。祂不在這裡，**已經照祂所說**的復活了。」

嚮導再次低聲跟我們說：「他很享受自己所說的這每字每句。我很了解他。」

天使大幅揮動他的手臂指向洞開的墳墓，說：「你們來看安放祂的地方吧。」

婦人小心翼翼地探頭望去。她們的臉上看起來滿是困惑不解。她們慢慢明白究竟發生了什麼事。

「快去！」天使命令道。他所說的話愈來愈不可思議：「快去告訴祂的門徒：『祂已經從死人中復活了。祂會比你們先到加利利去，你們在那裡必看見祂。』」

他的臉上堆滿笑容，他眉飛色舞地繼續說：

「現在我已經告訴你們了。」

我們的結論

最後一幕淡出。

我們的嚮導提出了他在之前問過的一個問題：「你們學到了什麼？」

停頓片刻後，你決定代替你我回答：

「天使真心愛主，而且永永遠遠都會愛祂、事奉祂……而**我也會這樣做**。」

* 譯注：Pontius Pilate，代替猶太人審判耶穌的羅馬巡撫，參見本書第五章或詳見〈馬太福音〉27章11－26節、〈路加福音〉23章1－25節。

參考資料

- Thomas Aquinas, *Summa Theologica* (1267-1273).
- John Calvin, *Institutes of the Christian Religion* (1536-1559; translated by Henry Beveridge, 1845-1846).
- Lewis Sperry Chafer, *Major Bible Themes* (Durham Publishing, 1926).
- *Christianity Today:* Timothy Jones, "Rumors of Angels" (April 5, 1993).
- Douglas Connelly, *Angels Around Us* (Intervarsity Press, 1994).
- W. A. Criswell, *Expository Sermons on Revelation* (Zondervan Publishing, 1962).
- C. Fred Dickason, *Angels Elect and Evil* (Moody Press, 1975).
- Millard J. Erickson, *Christian Theology* (Baker Book House, 1983-1985).
- *Expositors Bible Commentary* (Zondervan Publishing, 1976-1992).
- A. C. Gaebelein, *The Angels of God* (Baker Book House, 1969).
- Billy Graham, *Angels: God's Secret Agents* (Word Publishing, 1975).
- Matthew Henry, *Commentary on the Bible* (1704-1721).
- John Phillips and Jerry Vines, *Exploring Daniel* (Loizeaux Brothers, 1990).

- Hope Price, *Angels* (Macmillan Publishing [London], 1993).
- Corrie ten Boom, *A Prisoner—And Yet* (Evangelical Publishers [Toronto], 1947).
- Henry Clarence Thiessen, *Lectures in Systematic Theology* (Eerdmans Publishing, 1949).
- Time: Nancy Gibbs, “Angels Among Us” (December 27, 1993).
- A. W. Tozer, *The Pursuit of God* (Christian Publications, 1948); *The Divine Conquest* (Christian Publications, 1950); *The Knowledge of the Holy* (Harper Collins, 1961).
- J. M. Wilson, “Angel,” in *International Standard Bible Encyclopedia* (Eerdmans Publishing, 1915, 1979).

國家圖書館出版品預行編目資料

聖經天使學：他們是誰，以及他們如何幫助人 / 大衛·耶利米(David Jeremiah)作；劉卉立譯. -- 初版. -- 臺北市：啟示出版：家庭傳媒城邦分公司發行, 2019.05
面； 公分. --(Knowledge系列 ; 22)

譯自：Angels: Who They Are and How They Help...What the Bible Reveals

ISBN 978-986-96765-7-1 (平裝)

1.天使 2.聖經研究

242.5 108005701

Knowledge系列022
聖經天使學：他們是誰，以及他們如何幫助人

作　　者／大衛·耶利米 David Jeremiah
譯　　者／劉卉立
企畫選書人／李詠璇
總　編　輯／彭之琬
責任編輯／李詠璇

版　　權／黃淑敏、翁靜如
行銷業務／莊英傑、林秀津、王瑜
總　經　理／彭之琬
事業群總經理／黃淑貞
發　行　人／何飛鵬
法律顧問／元禾法律事務所 王子文律師
出　　版／啟示出版
臺北市104民生東路二段141號9樓
電話：(02) 25007008 傳真：(02)25007759
E-mail:bwp.service@cite.com.tw
發　　行／英屬蓋曼群島商家庭傳媒股份有限公司城邦分公司
台北市中山區民生東路二段141號2樓
書虫客服服務專線：02-25007718；25007719
服務時間：週一至週五上午09:30-12:00；下午13:30-17:00
24小時傳真專線：02-25001990；25001991
劃撥帳號：19863813；戶名：書虫股份有限公司
讀者服務信箱：service@readingclub.com.tw
城邦讀書花園：www.cite.com.tw
香港發行所／城邦（香港）出版集團
香港灣仔駱克道193號東超商業中心1F E-mail: hkcite@biznetvigator.com
電話：(852) 25086231 傳真：(852) 25789337
馬新發行所／城邦（馬新）出版集團【Cite (M) Sdn Bhd】
41, Jalan Radin Anum, Bandar Baru Sri Petaling, 57000 Kuala Lumpur, Malaysia.
電話：(603) 90578822 傳真：(603) 90576622
Email: cite@cite.com.my

封面設計／李東記
排　　版／極翔企業有限公司
印　　刷／韋懋實業有限公司

■ 2019年5月14日初版
■ 2023年8月21日初版3刷

Printed in Taiwan

定價 380 元

 ISBN 978-986-96765-7-1